U0053468

打開天窗 敢說亮話

INSPIRATION

天窗出版

送　　給

馬　傑　偉

Young old

5歲後

蔡東豪　著

目錄

抉擇 50+

退休？不退休？
顛覆傳統規範，
開展人生新一章。

得失 50+

年紀愈大，
總以為失去愈多，
料不到原來獲得的是看不見的東西。

五十歲後，我的宣言

五十，是四十九加一，一個本身沒意義的數字，直至自己給它賦予意義。年輕的時候，五十歲多麼遙遠，那時候沒想像五十歲的人怎樣過活。隱約記得很多年前朋友在生日會上自憐，自己的人生已經過了一個世紀的四分之一，唉，二十五歲在數日子。五十歲後的感覺是怎樣，現在我知道，因為已經抵達好幾年了。身在其中反而不多想，要想的話，安慰自己，哈，適應之後，五十歲後的生活也不壞。

真的不壞？適應了嗎？可以適應嗎？

或者，所謂適應因人而異，有些人一早做好心理準備，五十是四十加十，也是四十五加五，早在五甚至十年前有計劃地一步步走向關口，然後平常踏過。有些人根本感覺不到五十歲的威脅，每一日都在期待新的一日。我不是這類人，也沒提早準備，幾歲之後沒辦過生日會，無聲渡過五十關口，那天老婆提醒兒子說聲生日快樂，好像是唯一的儀式。

五十和四十完全不同。四十歲的時候我感到大地在腳下，同一時間做一份工作嫌少，不知道限制為何物，外人看覺得我衝得太急太猛，同時我腦海裡面仍有兩三個新主意。

忘掉不安及衰老

一九六四年加上五十年，二零一四年發生了一件改變我下半生的事。即時知道以後的人生都會跟這件事扯上關係，須趕快重新掌握自己的命運，第一個決定，是怎樣面對這件事。很快便作出決定，接受這件事已經發生了。這種接受超越「實際」，因為沒法擺脫情感，唯有在愧疚和自責中不停步嘗試向前走。五十歲的那一年，我需要處理更大的困難，相比之下，五十歲後發自內心的不安，暫時靠邊站。

靠邊站不代表消失，五十歲後產生的陰影揮之不去，隨之而來是一連串的啟示——令人為難的啟示。首先，五十歲肯定不算年輕，偶然間有個老人對我說：「你太年輕了」，但生活上最常遇到的不是老人。想一想，上一次會議室中最年輕是你，是幾時？一班朋友呢？五十歲後最令人矚目，不是持續活力，而是掩飾真實年齡的種種醜態。

我們不再能夠以年輕人的身份自居，曾幾何時，我們專門走向偏鋒，因為知道即使撞板，也可以重頭再來，永遠有下個機會，但五十歲犯同樣錯誤，世間的眼光全然不同，「幾十歲人仲……」？

生命中想做但未做的事，增添無限的迫切感。想學的樂器、想見的朋友，開始變成遺憾。年輕的時候，學新東西多刺激，由不懂到懂，過程是享受。年紀大了，學精了？學習速度增快了？不見得，因為時日無多而選擇放棄，而不再感興趣，卻成為常態。

最近看到一個五十歲後男人的自白，正中要害至啞口無言。他說男人自有性慾開始，便有一種性幻想，是跟年長女人產生關係，換句話說，每個男人心中都有個Mrs. Robinson（見註）。然而，對五十歲後男人來說的「年長女人」起碼六十歲以上，如果六十幾歲的女人想跟年齡比自己小的男人鬼混，一定不會找五十歲後男人。這是多麼殘酷的覺醒。

每當有人讚我五十幾歲仍長跑，真的了不起，我心裡不期然出現一個數字：六十一。我爸爸六十一歲心臟病去世，他走的時候比我現正年長不足十年。這些年，醫學進步神速，我們這一代人對健康的重視程度不同，但六十一是真實的數字。每當見到同齡人去世的消息，必多望一眼，如果是認識的人，更加出現不成比例的關懷。

如果以上的文字製造悲觀的印象，是我的表達能力不夠好，我是樂觀的五十歲後。以前走過的路，太美麗，家庭、婚姻、事業、朋友、運動，種種經歷，以任何尺度量度，實在給予我太多，多至不是我應得的。生命美麗至忘掉「衰老」這討厭的生命階段，甚至有些時候妄想自己與眾不同。這假設當然不妥，我沒有不同，五十歲已到站，並如期向前開車，沒趕及遺憾便已經走過。

再見五十歲，哈囉五十歲。

經典電影《畢業生》（*Graduate*）中，勾引年輕男主角的中年已婚女人。

自序

這本書的內容，是我過去一年在《香港01》網站連載的文章。把過往的文字結集成書之前，我都習慣把剪報拿出來重看一次，這趟發現文章在空中、在雲上。取名《50歲後》，因為這是我的現狀，代表一個人生新階段。

五十歲本身沒意義，但加入醫學突破、職場面貌、社會期望等元素之後，五十歲變成怒海。困難好像事先約定，在五十歲後一同爆發出來。

我的五十歲洗禮是「加料」版本，一方面處理突如其來的外來衝擊，另一方面面對驚濤駭浪的中年關口。助我渡過這段日子，是文字，讀的、寫的。文字從沒令我失望，事情的答案永遠在文字之中，經過理解和表達，只要願意信任文字，它始終會帶我們走到目的地。以前，文字在書中；今日，文字在屏幕中。

曖昧，代表五十歲後的狀態，不老不嫩，兩頭不到岸。有些人太早認老，有些人活在逃避之中，這與社會的目光有關，社會總是偏袒年輕人，因此營造出普遍不肯認老的傾向。我們這一代人夠幽默，不想糾纏標籤，老並不可怕，因為即使是老，我們是Young Old，一個理所當然的矛盾詞。

物以類聚效應發功，忽然發現四處都是五十歲後的同路人，大家都在這個陌生的Young Old空間探索。處境相近，但走進來的道路各有不同，大部分如我在經歷一些突變之後，忽然感覺到五十歲後經已到來。這些事情離不開事業、婚姻、健康，風平浪靜時沒有人理會，轉變起來可以變得厲害，一輪撲火之後，我們帶點不耐煩問：現在怎樣？

怎樣？嘩，精彩。五十歲後身份已經形成，我們終於懂得掌握困擾半生的問題：「我是誰？」甚麼事情一試無妨，甚麼事情不用浪費時間，甚麼事情不要再難為自己，甚麼人和事可以面不改容說不。五十歲後散發自信，我們終於感到站立的位置穩固，而需要救援的時候，手機的通訊錄有足夠電話號碼。同一個朋友，五十歲後發展不同的關係，因為大家都會變得寬容。五十歲後不怕模棱兩可，時間可以解開曾經以為不解的謎。五十歲後重拾生命熱誠，因為看見前面還有很長生命。

五十歲後不再追求肯定自己，原來可打開的門很多，出現想不到的可能性。曾經，我們在意「有為」的感覺，這感覺簡直是我們存在的泉源。五十歲後並不是否定以前，但在新的人生階段，我們從容一點。五十歲後才知道，放鬆原來需要學。

秋天很美，五十歲後學會欣賞寧靜和知足，留空間給自己再想像和再創造。何不給下半生另一種機遇，善用全新空間，把未知數轉為優勢。

歷史上從未試過有這麼多有經驗、有資源、有心有力的中年人願意掌握自己的命運，我當然是五十歲後的大好友。無用感和失落感的背後，是蓄勢待發的另一種力量。政府、企業、NGO袖手旁觀的話，將會失去改寫歷史的黃金機會。我的觀察是，個人比機構行得前和快，一場大爆炸即將出現，將來只能以精彩形容。

Young Old前途大好，最大缺點是過分自我懷疑。五十歲後，我們需要另一種語言，問題是，坊間沒有一個合適的說法，安頓五十歲後的心理狀態。這本書送給馬傑偉，是因為他率先為我們這一代人說出心底話，並在路的兩旁立下標記，讓我們走得更心安。

01

50+

轉變

五十歲，轉字頭，面對環境的改變、
事業的抉擇、身份的危機，
是時候放慢腳步認清自我再蛻變。

1.1 過渡專家

「變幻原是永恆」這句歌詞深入民心，不過最好不要跟上一句分離：「知否世事常變」。世事變，我們跟著變，別無他法。怕變是人性，因為我們不想離開Comfort Zone，未知數令人困擾。年齡增加，我們的人生屢起波瀾，一次又一次從一個地方，「過渡」至另一個地方。

以前的人生規劃，是「讀書—工作—退休」三部曲，牽涉兩個過渡期，現在三部曲變成五部曲或更多，過渡期變成Young Old的新常態。以我為例，怎形容現在的生活狀態？我好像不是在工作，畢竟沒有全職收入，沒有固定上班地點和時間，可選擇整天不出家門，但我也好像不是退休，總有事在忙，總有事牽掛。過去兩年，我好像已經過渡了兩三次，由一個狀態過渡到另一個狀態，再回到原點，然後再過渡。過渡生涯似是永無止境。

過渡注定是孤獨的，很少人的情況一模一樣，似有相似卻又不盡然，因此最能依靠的人，終究是自己。認識自己毫不容易，過渡期內所有事情彷彿都在浮動，自己容易慌失失、缺乏自信，其實這時候最需要的是從容，凡事不要太著緊。學習從容做人的第一步，是對自己及對別人，都給予大量空間。時間充裕了，發現原來做事可以用不同步伐，可快可慢，毋須與跟同路人比賽。

另類朋友的幫忙

以前不懂得欣賞「相請不如偶遇」這句話，今日才領悟到沒劇本的人生更有趣。過渡期是關於一連串的偶遇。以為這件事發生，最後甚麼沒發生，我學習寬心面對，這態度比接受的層次更高。無助之際，天降福將解決難題，之前沒想過。將來會點？唔多知，唯一可肯定，是我以萬分彈性迎戰。

路由自己雙腳走，大部分時間是孤獨，但仍需要朋友。過渡期我們需要的朋友，也許是以前不會認識的人。原因很簡單，老朋友聽罷訴苦後，心裡不停盤算：「Tony這樣做，我是否應該也這樣做，如果我不追隨，是否代表我有問題？不會的，我沒問題，是Tony有問題。」朋友互相量度，當有人走離既定軌道，成為「個別事件」。

的起心肝過渡的人，這時候最需要的朋友，不是平日常見的朋友，因為他們未必想見到你變，因為他們不想變。平日常見，久而久之，我們變成同一類人，由興趣到舉手投足到詞彙，其實非常相似。當一段關係變得舒服，改變是掃興的。

過渡期內我們遇到平日不常見的人，發現世界很大，發現有很多方法做同一件事，發現原來我們知道那麼少。最近認識一位新朋友，他形容父母為「屋企的老人家」，有一次我忍不住問，老人家其實是幾多歲，答案是年紀比我小。我驕傲地哈哈大笑。

1.2 Let go 得好

從人生一個階段走進另一階段，象徵著的通常是關於事業轉變，例如我，結束一份做了十年的工作，同時暫別三十年的工作生涯。

這個結束可能是短暫，也可能是長久，無論如何，是個轉變。這個轉變可能是突發，也可能是經過事前準備，可是有些事情難以預演，發生時照樣手忙腳亂。

事前我們當然聽過很多恐怖故事，例如離職後某人本以為可以休息一下，誰知大病一場，或某人為了令自己像以前那般忙，報讀三個課程，壓力大過以前。聽幾多別人的故事，原來無用，因為我們總覺得自己的情況跟別人不同。我們認為自己很清楚在做甚麼，原來天下傻瓜一個模樣。

工作不僅代表佔據朝九晚七的活動，同時代表城市人的身份。新朋友見面，交換咭片，上面最重要的資訊是在哪裡工作。我們的身份源自工作，社會習俗告訴我們，工作可解釋我們是誰。失去工作，不管是自願或非自願，我們失去了身份。

失去條理的恐懼

我的轉變不完全是突然，只是引發點事前沒預計，但之後由計劃到離去，也有好幾個月時間。這幾個月我好像沒做過甚麼實質準備工作，當時只覺得最重要是處理自己的情緒。那段時間，其實直至現在，我仍在思考兩個英文字的意義：Let go，因為我知道這兩個字將會主宰我的心理狀態，同時警惕自己這兩個字非常深奧，內藏玄機。

Let go 是「釋放+放手+放棄+灑脫」，放棄已知的身份和熟悉的環境，走向模糊的身份和陌生的環境。過程中，恐懼，是必然的。表面上我們扮沒事，一切接受，內裡卻出現一種不常遇到的不舒服感覺，是空洞——無底、無計、無料。我們知道將會失去一些東西，最令人不安，是失去生活中的條理性。

在戰日子，朝九晚七不需要多想，每日日程有一個框架。框架內容可能沉悶，但給人踏實的感覺。拿走朝九晚七，等於拿走一個可依賴的框架。生活結構一下子崩潰，特別是對於我這種所謂紀律人，條理是穩著我們的重心，失去條理等於失去重心。

其實我們早知會墮進失去條理的空間，很多人甚至覺得這就是Let go的一項優惠，終於可任性做一些以前不可以做的事情，例如「浪費」時間。我當然不甘後人，以前成日都聽人講*Game of Thrones*，得個聽字，Let go之後我創下一口氣看五季劇集的壯舉，乜仇都報晒。這幾年英美電視劇製作水平，超越荷里活電影，我決心成為見證。任性的感覺是一種不說出口的喜悅。

人生由一個階段走向另一個階段，多數不是無縫接軌，經過波折屬正常，能否安然過渡，視乎我們能否為自己的身份轉變編寫一個故事，換句話說，Let go 得好。這個故事由自己寫，第一個聆聽者是自己，我在做甚麼、為甚麼這樣做、之後將會怎樣，便是這故事的主軸。故事是重要的，因為故事是我們熟習認識世界的方式。故事有頭有尾、有新主意、有高潮、無悶位，最重要是我們選擇相信有條理的故事。當自己相信了故事，再說予人聽，重複中不斷修改，加強條理性。

不只「說」，我們是「活」故事，這故事怎發展下去，我們是主導者。用了差不多兩年時間，累積真實材料，學習一流美英電視劇的說故事方式，我繼續把我的故事轉化為文字，和各位切磋。

沒有名字的空間

事前周密部署也好，糊裡糊塗闖進也好，事實是我走到這一位置：五十歲，轉字頭。

我決定停一停，想一想，問題開始出現……

填表格時職業一欄怎填，填「退休」的話，人家會多望一眼，這眼神令人不安；填「其他」，好像與事實不符。人是喜歡合群的動物，與世俗脫軌的時候，有問題的多數是自己。

父母一代沒有這問題，那時退休年齡是五十五歲或更早，享受十年八載退休生活之後，便等……不過富人窮人一視同仁，大家不覺得有問題，這就是人生。但世界變了，變得厲害，依照科技進步的速度，我這一代人平均年齡將會超過九十歲，下一代人人可做百歲人瑞。這條數忽然很難計，五十歲退休的話，只到達人生一半，退休生涯怎捱？

上一代踏入五十歲後退休階段，兒女都出身，父母可盡情享受人生。今日五十歲後的人各有故事，我的故事是兒子正就讀小學。

當兒子小學未畢業，為父有沒有資格退休？不要理會人家怎看，你是你，活的是屬於自己的生活。講就容易，不要忘記人是合群動物，過去一年出席兒子學校的活動，我會穿西裝（以前這問題不存在，因為我根本不出席這類活動）。我不想向人解釋自己的生活狀態，其實解釋不來，連自己也弄不清楚，從何說起？學校內家長互相評頭品足，最好是廢話對廢話，「係呀，最近好忙呀」。

進入沒名字的迷離空間

五十歲後退休大鑊的地方，是進入一個沒名字的階段。這階段難以歸類，不算年輕，但不算老；幹勁稍遜當年，但仍有心有力；夢想不再天馬行空，但最緊要是仍有夢想。在現今社會，五十歲後決定停下腳步，由這一點開始，直至傳統觀念上的退休狀態，兩者之間出現一個「迷離」空間。這空間毫不穩定，沒固定起點和終點，進出沒儀式或記號，迷糊進入，走出之後也不為意。沒名字是可怕的事，好好醜醜總有個名，如果醫生告訴你，你患的病沒有名字，肯定嚇破膽。

偏僻的東西沒名字，算是合理，但處於這沒名字空間的同路人，為數不少，肯定不偏僻。我認為我知道答案，沒名字是因為集體逃避，所有人假裝看不見，以為不談論便不會煩擾自己。處於這空間的人不談，因為不想向外解釋，其實自己也未想得通透，因此出現扮要穿西裝的場面；政府、企業、社福機構等也少談，因為它們知道這是潘朵拉盒子，打開後後果難以控制，最好留給其他人處理。

其實我們都知道有些巨大事情在發生中，有意或無意地扮看不見。科技對人類的影響太大，以前不可能的事，今日變成常態，我們的生活質素不停在提升。醫療科技延長壽命，是改變人生規劃的最重要因素，當人人活至一百歲，舊有的思維不再適用。舉一個簡單例子，三十年前父母一代做腸鏡檢查，算是一項大手術，所費不菲，不會貿然去做；今日腸鏡檢查普及至被視為身體檢查，在商業大廈十八樓也有得做，日後大腸癌患者數目必定下降。

與自己及外界對話吧！

在百歲人生的社會，現有的社會制度將完全脫節，例如法定退休年齡為六十歲，肯定有問題，但沒有人敢帶頭改變。又例如退休保障，政府官員想到錢從何來，便不想多想。問題肯定存在，程度只會隨著時間過去，愈來愈嚴重，危機只會愈來愈明顯。

遇到困難的時候，我們各有一套處理方法，或向外求援，或從內在兵器庫找合適兵器，或兩者皆用。當問題沒名字的時候，我們進退失據，因為解決問題的過程中，需要一個對話，自己與外間，自己與自己，說不出這段對話的名字，是很糟糕的起點。

科學家奮勇作戰，為延長人類壽命創出一項又一項壯舉，但社會追不上科學家的步伐，一部分原因是我們欠缺這方面的想像力，另一部分原因是我們集體拒絕接受。拖延只會令問題更難處理，面對社會大轉變，我們需要行動，而出師要有名。這個名字不會由你和我決定，將會由一個對話帶起，經過反覆辯論，慢慢浮現出來。第一件要做的事，是開始對話。

1.4 勇氣來自不孤單

軍人在戰場上視死如歸，表現超乎常人的勇氣，背後一定有巨大力量，例如保護家園，戰鬥是為了自己和家人的安全，別無選擇；又例如報仇，人先犯我，這個仇不能不報。然而，很多慘烈戰役的意義模糊，軍人依然表現英勇。五十年後，美國軍人仍然弄不清參與越戰的原因，但感人的英勇事跡，比比皆是，勇氣來自哪裡？

心理學家找到答案，勇氣來自知道自己不孤單。一百個越戰美軍，沒有一個能說清楚六十年代東南亞政治局勢，但這些都不重要，軍人服從軍紀，與其他軍人從戰役和生活中建立信任，槍林彈雨，仍舊前進，因為他們知道有同伴在旁。情況的確危險，但軍人不想令同伴陷困境，背後的力量絕對不是國家民族，更不是為了東南亞的民主前途，而是做一件同伴也會做的事。平日拳頭交未打過，戰場上變成戰鬥機器，因為軍人不感到孤單。

感受到自己不孤單是我寫文章的原因，原來五十歲後在我身上發生的事情，也發生在其他人身上。人生問題需從實踐中找答案，多跟別人交流，只會把問題變得更清晰。五十歲後代表精彩的人生新一頁，抑或沮喪的中年走下坡，分別可能很微小。向左走，向右走，結局大不同。

五十歲後的顛覆

我的五十歲關口毫不平靜，二零一四年是改寫我人生下半場的一年，年中發生一件大事。最大的地方，是在毫無預警下，迫使我思考很多從沒想過的問題，例如停下來想一想關於自己和家人的將來。停，感覺太陌生，因為我一直像全速前進的火車頭，莫說停，慢下來也不願意。我不覺得這狀態有問題，因為身邊其他人也是這樣衝，察覺不到自己跟別人有分別。

退休？想也未想過，五十只是一個沒意義的數字。從沒覺得老，幾年前才開始跑馬拉松，仍在鑽研跑得更快的方法。退休是屬於另一些人，我滿腦子計劃，做一份工嫌少，只怨每日二十四小時不夠用。然後……然後我的世界不同了，大事突然出現，發生得快而準，今日回想，事後處理不失理性，但遺留下來的心理變化，卻不是一朝一夕可解決。

五十歲後人生出現變化的人，走過不同的道路，有的由外部力量而起，例如事業出現不自願變化，自己或家人身體出現毛病，有的積累半生的不安無聲無息中爆發，爆炸發生時懵然不知。我的五十歲危機由外部力量引爆，但原來內藏的炸彈又多又深，爆起來不是說笑。

然後需要收拾局面，名利得失在這時候變得很渺小，收拾過程中發現最需要收拾的是自己的情緒。怎困難的日子也會過去，明天是新一天，最難受是處理迷失的靈魂。半生人以善於規劃為榮，永遠一步步按牌理出牌，但一下子可以亂至不知從何收拾，五十歲的危機不簡單。有些事情以為有充分準備，事前找高人指點，掌握前人的智慧，甚麼做，甚麼不做，但事情真正發生的時候，照樣失去重心，墮入黑暗深谷。

勿低估將來

由不知五十歲是何物，到想到五十歲便驚恐，助我走出深谷，是我的書生和企管人身份。企管人以理性面對世界，不停提醒自己實事求是，以系統兵來將擋；書生覺得世上所有事都可從書中找到答案，我從書海中尋去路。有信念和有書，路途不絕望，只稍為迷失，很快尋獲自己，跌碰中向前走。

人有一種特強的能力，是低估將來。回頭望，年少時夢想多不能實現，感覺是半生在妥協中渡過，因此對將來不敢存厚望。五十歲的人更加不敢多想，事實是事業停滯不前、兒女問題多多、供養父母的責任日漸沉重，這時候，感覺是生活迫人，哪有勇氣寄望將來。

曾經有一段時間，我沉迷美國南北戰爭歷史，不停看書、看電影，感覺也不足夠。某一年我走訪當年軍人的戰場，我要親身站在原地，感受當年軍人的心境。十九世紀戰爭跟今日高科技戰爭不同，不是躲在控制室按掣，而是兩方正面廝殺。在蓋茨堡（Gettysburg），我站在一百四十年前南軍進攻的位置，前面是一大片平原，北軍在對面以槍炮瞄準。南軍軍人家中大部分沒有黑奴，教育水平低至沒能力理解當年政治，是甚麼勇氣驅使軍人一步步走向槍炮？國家公園的導遊說：「他們是手扣手向前走，勇氣來自左邊和右邊的一雙手。」

三招解決一切問題

各位，我提起勇氣大聲說出：五十歲後的人

請不要低估將來，積累半生原來是有用的經驗，我們這群人知道「怎想」將來：

一、此路不通不硬闖

二、期望定於合理水平

三、懂得向外求助

這三招原來是解決天下問題的秘訣，犯了半生錯的人，不知不覺間練成一身武功，這時候大派用場。紛亂中，物以類聚效應發功，我們發現同路人多的是。五十歲後是一場甦醒或一場發夢，各種各樣經驗在眼前，最重要是前路漫長，犯過錯之後有第二次、第三次機會，五十歲後的人特別寬容，包括對自己，原來時間仍在我們這邊。

這條路不好走，但經驗和時間代表無價的資產，我們不孤單，左邊和右邊都有人。我肯定五十歲後可以是燦爛人生，將來帶給我們連串驚喜，新的可能性一一浮現。

15

我從未如此準備妥當

麻煩，很狡猾的，約埋一齊來幫襯。單打獨鬥，或有信心戰勝，一齊衝過來，乏力招架。五十歲後是麻煩的溫床，由起身一刻感覺到，點解條腰痛到個人企唔直？

五十歲後最麻煩最大鑊地方，是通常不只是個人的事情，很多時橫跨三代。父母在世的話，垂垂老去，行動不便，思想遲緩，脾氣變差，彷彿變成一個自己不認識的人，但心裡知道他們是最親密的人。有時我們感氣餒，怎樣做在父母眼中也好像不夠好，但易地而處，他們不能做回以前的自己，在子女面前發少許脾氣，怎可以介懷？

而子女步入青春期，BB變成大BB，再變成…另一個不太認識的人。有時我們想不通，這個人由出世一刻一同生活，竟可以在這麼短時間內變得這麼厲害。大部分時間躲在房間，耳筒不離耳，同學大過天，每日交流可以是零。但易地而處，科技或不同，我

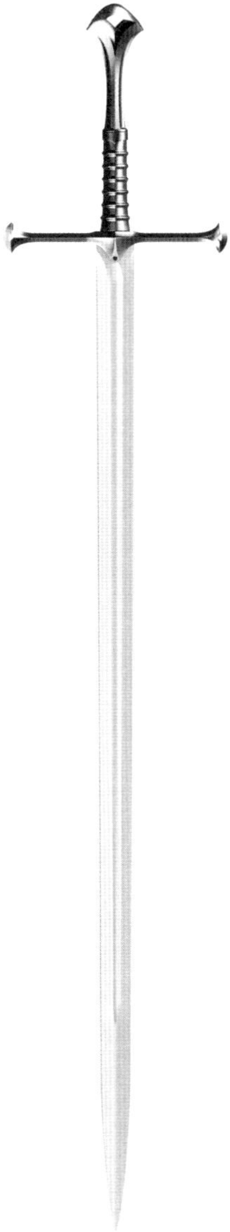

們當年的行為是否差不多，不太記得了。

還未數自己的問題，夫妻、事業、健康，次序應該怎排列？答案視乎邊日，因為日日不同，輪流升級至紅色警號，唉，不想多想，殺到埋身才見招拆招。我們像消防員，警鐘響起，撲出去救火，救完一場火，永遠有下一場火。各位，這就是五十歲後的人生，很灰吧！

五十歲後遇到的問題大同小異，分別在於程度或遲早。然而，不覺得五十歲後特別愁眉苦臉，剛相反，我覺得五十歲後處事特別手到擒來，外間看甚至有型有款。人老了，特別懂得做戲？抑或五十歲後特別懂得應付逆境？

抗逆首要控制情緒

二三十歲的時候，「逆境」不出現在我們的詞彙中，麻煩是短暫的滋擾，一定有辦法處理，人生軌道是一路向上。身體是不用考慮的東西，通頂隔天可精神奕奕上班（現在至少要一個星期復原）。事業最關心的事情，是怎樣做成這單deal，下一單生意怎計劃。錢也不多想，因為做得夠好，錢是自然會來。須聲明我二三十歲是活在九七前的香港。

那是另一個階段的我，三十年後，不知不

覺，練成一身武功。沒有人給我武林秘笈，全是自己經過撞板，過程中千金盡揮，得罪人、傷害人、傷害自己，一點一滴累積起來。書本有幫助，助我擴闊視野，但親身經歷最為深刻。沒有刻意訓練，但我的抗逆功夫經過長時間自我學習，已經有成，不管人家怎看，這套功夫屬於我，也適合我。

原來抗逆力像肌肉，沒鍛鍊過的肌肉，若忽然使用起來，最初會感到痛，或者根本動不起來；反過來肌肉經過長時間運動，建立起記憶，反覆使用便不會再痛，並且可向難度挑戰。即使過度操勞，有記憶的肌肉都是充滿復原力的肌肉，三扒兩撥，是另一條好漢。

抗逆的重點是先做好自己能控制的事情，最重要是控制情緒。一敗塗地的例子，通常是關於情緒失控，以不適當的情緒處理問題。年紀大了，懂得跟自己相處，懂得以適當的情緒迎戰。開心的時候，我不會太開心，因為危險在不遠處，以前試過太多次；失望的時候，我不會太失望，明天是新的一天。二三十歲的時候，明天太遙遠，所有事情一定今天來個了斷，這是災難的方程式。

五十歲後的問題的確很多，但我充滿自信，殺不死我的東西，會使我變得更強。我一定有方法處理，今日找不到的話，會早點瞓，明日再來過。解決問題的三件架生：性格、生理、經驗，跟我半世紀，全部 battle-ready，麻煩先生，來吧。

1.6 中年沒危機

猜四字詞語，首兩個字是「中年」，另外兩個字是甚麼？

八成答案是「中年危機」，另外兩成跟「中年危機」也有關——「中年發福」。

中年危機的概念，五十年前由一名加拿大心理學家 Elliott Jaques 提出，擊中很多人心中要害，昂然進入日常詞彙。

人到中年，年少夢想一一不能實現，生活迫人，營役工作，多事家庭，拼出一幅令人洩氣的圖畫。心理出現問題，一律可歸咎於中年危機，表面上合理，世人可以接受。

以中年危機為標題的故事太動聽，大眾媒介大力擁抱，乘機提出處理方法；電影以中年危機為主線，反映中年人的無奈，產生莫大共鳴。

但中年危機的具體定義、成因、發展路向、

醫治方法等，並不統一，各有各說。例如幾多歲才算中年？問十個人得出十一個答案，由三十幾歲到六十幾歲之間。中年危機彷彿是人生危機，然後開始有人質疑，危機甚麼時候都可能出現，未必跟年齡有關。

中年三大優勢

這些都是人云亦云。中年不一定是危機四伏，快樂的中年人四處可見，閣下可能便是快樂中年。很多人不服氣，以行動反對中年危機的假設。

這些年，科學家嘗試證實中年危機的存在，但得出的結論一面倒——不能以科學方法證實中年人特別不快樂。

中年危機是謬誤，科學家提出三個原因：

一、合理期望

人是否快樂，很大程度跟期望掛鉤。期望落空，那種失望可以持續一段時間，影響情緒。

人生是由一連串經驗累積起來，經驗有甜有酸，年紀增長，經驗跟隨增長。年輕人把夢想定至天高，非常合理，未試過怎知不可能？中年人痛過哭過，對人生追求有較合理的想法——失望也是人生一部分——漸漸地，中年人不為失望變得失望。曾遇失望的人懂得調整期望，事業追求不再是「有錢過李嘉誠」，夢想變得踏實。

中年人知道有些目標沒可能達到，不去多想，反而集中心機投放在自己掌握之內的事情，例如與家人親密生活。最近一個中年朋友告訴我，他的最大成就，是陪伴子女渡過重要的成長時刻。很難想像二十年前他會這樣說，不過今日我替他高興。

二、珍惜朋友

近年每當出席一些遇到舊朋友的場合，例如

舊同學聚餐、中學同學周年紀念、朋友的紅白二事等，有一個強烈的感覺——遇到某舊朋友，腦海裡湧現回憶，當年曾經要好過，後來不知為何疏遠了，心中有點不舒服。向後望，太多「如果」，當然很多事情沒法改變，但太多事情是在無聲無息中溜走，包括友誼。

太忙？永遠是藉口，但忙是真正原因嗎？我知道不是，只是沒好好重視。

中年人的強項，是懂得珍惜友誼。生命中出現過形形種種的人，甚麼人可以做朋友，甚麼人不可以，心中有數。走到這一點，仍有緣分遇上，不想輕易放過。

直覺上，中年人較難結交朋友。大家心想幾十年都不能成為朋友，總有原因，似乎不大可能到這時候才開始一段新關係。實情相反，中年人放下ego，不再計算，開懷地接受他人，更容易建立友誼。

一個退休朋友近年愛上行山，勝在有時間，每星期固定行三次，跟三隊不同人行，突然間社交生活變得忙碌。還有，今時今日中年人結交朋友的年齡範圍廣闊，加減二十年都可以一齊玩，朋友對象以倍數增加。

三、決策甜點

人生的決策有大有小。大決策數目不多但影響深遠，小決策不停出現，拉勻一生，決策明智與否，影響生活質素。

決策的結果是未知數，非黑即白的，老早作出了，不用多思考。困擾我們的決策，永遠是在灰色世界，不知怎樣好，決策變成一種壓力。欠缺自信是致命傷，作出決策後仍不停質疑自己，弄至陣腳大亂，最後好事變壞事。

很多事情不可靠書本，或不可依賴朋友意見，未親身試過，就是不知道箇中奧妙。中年人作決定的時候特別明智，原因跟叻無關。經驗是中年人最重要資產，中過招，下次便學精。

交了半生學費，中年人成為專家——「自己專家」——掌握自己的好與壞，不妄想、不強求，凡事以自己的實際情況出發。

中年人擁有比年輕人勝一籌的資源，包括經驗、時間、穩定情緒、朋友支援網絡等，較能應付隨著決策而來的壓力。

下次用「中年危機」這詞語之前，想一想，真的嗎？

1.7 分號的力量

最近在雜誌看到一個中年人以標點符號的分號形容自己的狀態，我覺得太有意思。

分號是句號和逗號的混合體，用法是介乎句號和逗號之間的停頓及轉折。

很少標點符號可以引起這麼多爭議，幾個文化人在一起討論分號，隨時拗到面紅耳熱，有人嬲到起身離開。有些作者以不用分號為榮，有些作者視保衛分號為己任，美國作家 Kurt Vonnegut 語重心長勸人們別用分號，因為它的唯一用途，是炫耀自己曾進大學。在不少人眼中，句號和逗號已能滿足所有需要，分號有一種「扮嘢」的感覺；然而，不少人認為分號被誤解。

幾年前，英國年輕人流行在身體紋上分號圖案，目的是響應一個由非政府組織發起的「分號計劃」（Project Semicolon），鼓勵處於憂鬱和焦慮的人，一起在身上畫上這符號，每當感到困難的時候，提點自己這是人生的短暫休息，即將開啟新希望。紋身不是貪玩，而是希望通過分號的意義傳遞出去，互相扶持，幫助同病相憐的人。分號計劃對分號的解讀是：

「A semicolon represents a sentence the author could have ended, but chose not to. The author is you and the sentence is your life.」

可以停，但選擇不停，不就是飽受困擾的中年人對將來的期望嗎？有些時候生命像停不下來的火車頭，全速向前走，休息和轉折等概念太遙遠。那時我們不知分號為何物，衝衝衝代表人生，但自願或非自願地慢下來的時候，很多人束手無策，以為自己出了問題。不再衝以為代表犯錯，並千方百計重啟火車引擎，是犯錯的開始。

林肯總統不單止喜歡用分號，還產生敬意，他認為分號不是關於文法，而是關於感覺。說得真好，分號是一種感覺，它有一種低調，但精巧的特質，例如它有一種連結的力量，把兩個意念聯繫起來，最後效果是令到兩個意念都變得比自己單獨更出色。分號不喧嘩，完成工作也不多被人發現。

我喜歡分號，嫌自己不夠班，用得不夠好，所以有時避而不敢用。分號讓讀者看到作者的思想世界，因為思想從來不是有系統的，東一塊，西一塊，像固體，也像液體，一時靜止，一時波濤洶湧。滿地雜亂思緒，標點符號出場，分號默默地做好份工。

中年人遇到太多分號時刻，表面看，不是這樣，也不是那樣，我們容易被這些時刻嚇倒，因為以為必須時刻掌握方向。停頓和轉折是人生部分，「唔知想點」可以是某階段的狀態，稍休息，喘口氣，再出發，我們照樣堅強。

中年人感到事事停滯不前，需要的是勇氣，尤如用分號的勇氣，它在句子中挺起胸膛說，我們拒絕劃上句號，因為有話要說。

1.8

學習無限者

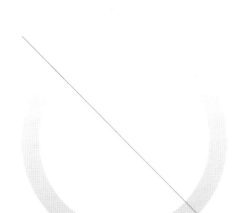

和久別的「五十後」朋友飲茶，互相細訴近況，談到興高采烈，忽然間他面色變得凝重，壓低聲線：「有件事想話畀你知。」心中一沉，這氣氛似是跟女人和金錢有關，誰不知會錯意。他說：「我最近學畫畫。」

五十歲後學畫畫，或其他興趣，須壓低聲線，甚至帶著些微歉意，這現象非常普遍。社會傳統期望這群人休養生息，靜靜地步向終點，五十歲後「才」學畫畫，當事人心裡「自然」覺得不負責任，猶如有外遇。中國人有句話：「臨老學吹打」，意思是過了學習的最佳時機，學也沒用。年輕人像白紙，容易吸收，兼有氣有力，是最適宜學習事物的時間；相反，年紀大了，學習事物事倍功半。社會傳統合理嗎？

Yes and No。一方面，社會規範是沉重的枷鎖，年紀大了，不應該冒險，因為可能輸唔起。運用累積的實戰知識，打有把握的仗，

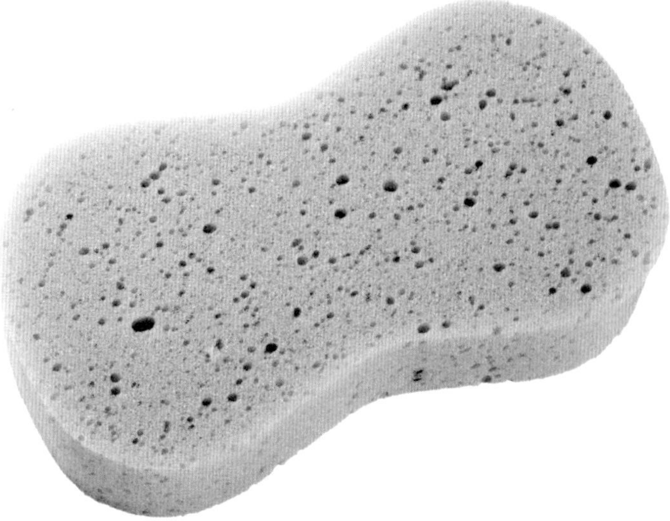

贏面夠大，因此「食老本」存在一定的道理。但問題是，五十歲後不老，從任何角度看也不老。

另一方面，在這加插的全新空間，很多事沒前科作參考，我們不受規例限制，學習新興趣不應該是一件沉重的事。在搏殺時期，學習新興趣需要策略，真的喜歡這興趣嗎？抑或只是想認識某一班朋友？興趣能持久下去嗎？這些問題非常實際，因為搏殺族的時間和精力是有限資源，另一個選擇永遠存在，是回家休息和多陪家人。

踏出從容的第一步

搏殺族面對非常實際的限制，學習需要的耐性變成計算。學習中途遇到阻礙，計算開始出現，堅持下去可能是浪費時間，應否模仿投資，果斷止蝕？不懂投資的人也了解到止蝕的意義，環境變，考慮也隨之變，買入股票的價格不應該再是考慮。

學習的最大障礙，是自信動搖，當某段人生階段充滿計算，自信特別虛弱。有些問題沒即時解決方法，就是要藉著時間捱過去，搏殺族沒「捱」時間的本錢，因為他們的生活已經太多東西要捱。

五十歲後的重要資產，是從容，剛巧這項資產是學習的關鍵元素。學畫畫、高爾夫球，導師不停提醒，不要揸太緊，放鬆一點，奈何揸緊是搏殺族的自然反應。五十歲後不怕再試一遍，不怕明天再來，既然其他人從開始便不看好，「樣衰」不是考慮。原來放鬆是學習的秘訣，五十歲後表現神勇，只不過是做回真我。

五十歲後學習新興趣，最困難是開始，因為世俗眼光可以很刻薄。如果五十歲後在意別人怎看自己，新興趣變得遙不可及，腦裡想著笨拙的自己，多難看。放下身段，可以很難，身邊人都是學習權威，踴躍給予負面評價。進入陌生環境，失去重心的感覺可以很恐怖。五十歲後最需要學習的，是走出第一步，因為願意開始之後，五十歲後的內置從容系統啟動，忽然間一切變得簡單。五十歲後學習重點所在，是第一步。

1.9

識／適者生存

一位企管教授提出發人深省的問題：學生在課室學到的東西，七十年後還適用嗎？

當人能夠活到一百歲，照二十多歲大學畢業起計算，工作生涯隨時長達七十年。大學不時強調學生學到的東西一生受用，但「一生」愈來愈長，複雜多變，七十年人事翻新幾次，知識的定義變得難以捉摸，肯變和懂得變是必要的生存技能。百歲人生中，一生受用的知識，企管教授認為是適應力（Adaptability），我非常同意。

中年人聽到「適應力」，即打冷震，這三個字像揮之不去的恐嚇。由初出道開始，先是全球一體化，再來互聯網革命，最新是人工智能取代人類，一浪接一浪，中年人適應得好辛苦，每日活在惶恐中。打低內地廉價勞工，終於適應電腦科技之後，木人巷還有機械人，並且看不到盡頭。適應，彷彿是人類新常態，中年人渴望能夠過安穩日子。

適應力是與生俱來的技巧，初生嬰兒也懂得適應外間環境，從實驗中學習。見招拆招不是深奧武功，每個人都識用，分別是程度。適應力分開兩部分，第一是態度，是否願意適應；第二是能力，是否擁有能力適應。前者受我們控制，後者則有得學。我們的適應能力有高有低，原因跟這兩個變數有關，有些人可適應，但不願意適應；有些人願意適應，但欠缺能力適應。兩者之間，願意適應與否，通常是累事之源。

掌控好期望

願意適應關乎個人態度，一個很重要的因素是期望，很多時我們把期望定得太高，現實不盡如意，我們感失望，所謂適應是不情不願，然後墮入負面惡性循環。例如我們期望可以升職，但是事與願違，唯有適應接受現狀，心情非常勉強。期望定得太低同樣是問

題，有得贏不去贏，總是贏不盡，表現遠低於應有成績。久而久之，我們轉信行之有效的習慣，討厭適應，認為不夠自我，這些特徵特別容易在中年人身上找到。

態度夠彈性的話，適應力不用刻意學習，每日處理事情便是鍛鍊，把人生變為一個長期適應的過程。我們接受有些時候自己控制命運，有些時候上天像跟我們過不去，需要變的是自己怎應對。

中年人跟二十歲年輕人最大分別，是累積幾十年實戰經驗，適應好像變成老朋友。遇到適應，中年人不再感陌生，摸熟這位朋友的脾性，有些時候將就，有些時候硬碰。中年人從滿身傷痕中學到，適應力有兩個可能被視作阿Q精神的好處：一、人生太多不如意事情，而這些事情不受自己控制，專揀最不想發生的時候發生，迷惘中，我們醒覺，既然改變不了環境，不如改變自己，適應了新思維，情況原來不壞。二、跌低是人生旅程的常態，跌低後怎樣起身，決定成敗。適應力強的中年人跌倒後，一時怪責自己，一時幽默自嘲，平復心情後又一條好漢。

學一套可用七十年的武功，沒可能的，二零四七年也不敢想像，二零八七年我們可能移民火星，頂硬上啦，朋友！

1.10 自我懷疑的老Seafood

最近學識職場新潮語：「老Seafood」，形容公司恃老賣老的資深同事，Seafood音譯臂部的中文俗語，在年輕同事眼中，這些人用臂部「坐」在公司高層重要位置，阻住年輕人上位，形態上相當貼切。看到一篇以辱罵「老Seafood」為題的文章，被針對的高層只有三十多歲，「老」原來是一個相對的概念。

在每個年代年輕人都不滿上一代的守舊，阻住地球轉。以我的一代為例，我即時想起的「老Seafood」代表，是黑社會電影中的叔父角色，通常由林蛟及外型相近的男演員扮演，這些過氣大佬身穿夢特嬌恤衫，舉手投足老氣橫秋，而且得個講字。黑社會電影中的「老Seafood」下場都不好，一是被年輕一代公開羞辱，一是乾脆被幹掉。每個年代都有「老Seafood」，都被年輕一代鄙視。

年輕一代對「老Seafood」不滿的地方，可分開兩種。第一，老便是罪。「老Seafood」能夠上位，是屬於另一個年代的事，但世界變了很多，在今日的世界，「老Seafood」完全脫節。年輕人以今日的尺度看，「老Seafood」沒資格坐這個高位。老，只是早一步在公司出現，不應該被視為優勢。在今日的環境單打獨鬥，「老Seafood」不堪一擊。

第二，「老Seafood」為了保住個位，使出很多下流手段，這些人的人格有問題。例如所有事情靠惡，有理無理鬧咗先，日常對話變成訓話。出事之後，「老Seafood」懂得走位，把鑊卸給無辜的下屬。年輕一代認為「老Seafood」沒存在價值，這些人留多一日，浪費公司資源多一日，也反映老闆無能。

自己榮升「老Seafood」之後，我看到這些指控，反應並不是老羞成怒，因為心底裡知道鬧得有理。在某些領域，中年人與時代脫節是事實，或者某些中年人跟得較貼，不過分別是程度而已。例如科技，潮流大都由年輕人帶動，中年人跟也感吃力，何來創新的能力？然而，科技創新不代表一切，即使在科技創新的領域之中，中年人也有立足的地方，提供有用的價值。懂得看得較廣、較深、較遠，代表中年人的武功——經驗是不能模擬的資產，企業之中必有屬於中年人的位置，而這些位置很可能是關於領導。

我認為「老Seafood」問題的重心，是中年人在年輕人不甘被阻的環境之中，怎樣自處。中年人走過一段路，建立屬於自己的經驗庫，遇到新事物，立即啟動經驗庫作分析。

問題出在中年人以為這些事見過做過，有一套行之有效的方法處理，沒主動製造懷疑。對，在「老Seafood」陰霾籠罩著的職場，中年人必須具備的武功，是自我懷疑。

來自脆弱的力量

自我懷疑聽起來好像負面，欠缺自信的人疑神疑鬼，左騰右驚，不敢下判斷。然而，適量的自我懷疑代表一種力量，特別是以為自己掌握情況的中年人。其實，自我懷疑是自信的表現，我們認自己不是不知道，而是不夠知道，因此需要加倍準備。最佳的準備是問自己最難以啟齒的問題，願意走進內心深處，例如承認自己不懂的東西。

科技改變世界，中年人怎能不多質疑已知的所謂事實。中年人從經驗中建立信念，這是我們的珍貴資產，但經驗不代表一切，總有自己不夠知道的弱點，困難的問題反而變得清澈。

最近看到一個有意思的訪問，主角是英國著名演員奈爾（Bill Nighy）。十四年前他在《真的戀愛了》（*Love Actually*）飾演過氣中年歌星，大受歡迎，而他當年已經五十四歲。奈爾之前活躍於英國舞台，受人尊重，但離大紅大紫甚遠。《真的戀愛了》之後他走紅，晉身荷里活，近年飾演《加勒比海盜》中的反派角色，更加深入民心。

但在傳媒眼中，奈爾是一個充滿自我懷疑的人，被訪問的時候，處處流露對自己的不滿意，擔心做得不夠好。而記者以奈爾的自我懷疑為題，認為這是他的優秀特質。他的力量源自他懂得脆弱。記者爆料，有一次訪問的隔天，奈爾出現在報館，因為擔心訪問做得不夠好，想重做一次。

1.11 Experience never gets old

很多公司都會慶祝同事生日，有的大伙兒飲茶，有的在辦公室切蛋糕，有一類人最怕這類活動，恨不得自己消失，這類人不是不想其他人知道真實年齡的女同事，而是不想其他人知道真實年齡的五十歲後同事。

五十歲後，在今時今日的辦公室成為稀有動物，通常只會在一個地方找到——大老闆房。

Facebook創辦人朱克伯格說過一句話：「Young people are just smarter」。政治不甚正確，但很多人支持他的說法，姑勿論是否有事實根據，社會風氣以有形及無形的手段歧視年長打工族，是鐵一般事實，各位不妨在辦公室數下人頭，有幾多位年過五十歲的同事？

最近在雜誌看到一位IT人自嘲老餅，慨嘆年輕人走得太快，自己與最新科技潮流脫節，這位IT人三十出頭，死未。很明顯，年齡只是個數字，本身意義不大，需要配合上文下理的情況，才能判斷某人是否太老，但事實是很多人只看年齡。

美國一個調查顯示，未來十年，八成六十五歲以上的美國人繼續工作，當中包括選擇不退休的人，也包括沒條件退休的人。人類走向百歲人生，五十歲後的打工族不可能算是老，奈何這是現今社會的共識。

中年人的致命傷，是年紀大了，抗拒學習新事物，不幸地這成為一種普遍的看法。感覺是抗拒源自固執，或源自能力限制，無論如何，中年人被同事標籤為古老，即使有心學，成績也不及年輕人。各行各業受到科技衝擊，以往一套行不通，企業須不停變身，中年人更加被視為追不上潮流，有得揀的話，機會應該留給年輕同事。

這種想法肯定與事實不符，因為二十一世紀的中年人並不抗拒新事物，這是宗冤案。以我為例，在個人電腦的世代成長，未必時刻站在尖端，但對新科技不感陌生。世界在變，中年人清楚看到與時並進的現實，早已經大力擁抱最新科技。六十歲創辦科網企業，與二十歲混在一起，大有人在。少數人抗拒學習，我認識有人以秘書覆電郵，但屬於極罕有例子。然而，中年人抗拒新事物的偏見根深柢固，扭轉需要很長時間，短期內被無理歧視的中年人須尋找自救方法。

中年人的籌碼

想不到冤案有救，救星是二零一五年票房豐收的荷里活電影*The Intern*，台灣譯作《高年級實習生》，香港譯得刁鑽，叫《見習冇限耆》。羅拔迪尼路飾演七十歲退休企管人，不甘寂寞，應徵網上時裝公司實習生。這套戲被歸類為喜劇，其實它是套實況劇，反映社會趨勢，為年長打工族平反。

這套戲的宣傳口號是「Experience never gets old」，說明經驗的重要，不管是成熟或初創企業。從劇情看，年輕企業一味向前衝，只顧速度，可能特別需要具經驗的同事鎮場。中年人善於溝通，願意聆聽，懂得處理矛盾，懂得跌低起身，這些都是辦公室需要的質素。組織團隊，需要不同背景的人，擔起不同類型的工作。由實習生變身為公司重要角色，羅拔迪尼路並沒施展魔術，只是用上累積大半生的人生經驗，相信人與人之間的關係，相信對話的重要。

中年實習生不是電影橋段，英國銀行Barclays推出只供五十歲以上申請的實習生計劃，看準中年人轉行的市場，可為銀行業注入新意思。香港企業一向走在時代尖端，相信很快有人看到中年打工族的價值，港版羅拔迪尼路出現，指日可待。

1.12 四十五歲的抉擇

你今年四十五歲，靠著學歷，以及二十年工作經驗，站穩現在的位置。你沒多想將來，日常已經太多事情處理，太忙，見招拆招是最有效的處事方法。而將來變得太快，不想浪費時間去想未發生的事。況且幾十歲人「嗰頭近」，現實比理想重要，畢竟生活迫人。一覺瞓醒，忽然間腦海出現平日不多想的將來，感到事業前境非常暗淡，心中暗叫：大鑊！

你是百貨集團的採購經理，手握數以千萬元計的採購金額，有人面、有地位，感到工作的滿足感。過去幾年，你站著的位置地底已經不停移動，你知道有事發生，但卻選擇視而不見。公司生意一落千丈，負責採購的部門，怎會不知道？但要扭轉乾坤談何容易，老餅如自己也積極網購，下一代怎會光顧百貨公司？二十年之後，你份工存在嗎？不要說二十年，兩年後可能已消失？

中年人瞓醒一覺，全身冷汗，發的噩夢是上一代行過的路，這一代已經行不通。上一代人勤勤力力，加上把握三兩個機會，便可以無風無浪走到退休。退休的時候，一是靠公司退休金，一是靠幾十年的積蓄，安享晚年。今日，你發現——其實不是發現，是終於肯面對——不要說退休這麼遠，在同一工作崗位，捱到退休也不是易事。慢著，幾多歲是退休年齡？

百貨公司的例子太極端，因為太明顯，其他例子未必這樣清晰。風暴來臨，又急又沒先兆。你心裡暗自焦急，但想到一把年紀，沒有太多選擇，不知從何開始計劃。今年四十五歲的人，平均壽命至少九十歲，剛剛才打完上半場，下半場怎麼辦？

你有很多選擇，說得準確一點，半場的你有選擇的必一要，立即停止自圓其說，承認危機在眼前，唯一方法，是變。

增加社交找「明燈」

我真的有一位四十五歲的朋友，自畢業起投身工業界，公司大部分時間打逆境波，加上二十年來做「二五仔」（做廠的在微笑），很倦，他說夠了，不可以想像在這環境再做二十年。想深一層，即使自己願意，現實未必容許。他辭職，轉行做保險，對我說，希望控制自己的命運。我成為他的客戶，銷售過程中感到一股清新的動力，他在為自己的將來打算，作出其他中年人聽到會驚的決定。四十五歲改變肯定不遲，因為你可能工作至七十五歲，才夠錢過退休生活。你現在份工，可否做到七十五歲？

保險不是每個人杯茶，但考慮變是必要的。一個較穩陣的選擇，是保留在原位，張開眼睛，準備隨時變身。最直接的途徑是工餘進修，吸取相關知識，或拿認可文憑，上堂後你會發現自己一點不老。另一個方法是，多留意自己的興趣，或者不知不覺間已建立一些有用的知識，興趣有朝一日可變成下半場的職業。

求變需要行動，最重要行動，是擴大社交網絡，因為帶給你「燈膽時刻」的人，通常不是死黨，死黨與你早已變成同一類人，沒有火花，一切變成習慣。走進不熟悉的社交圈子，多聆聽，別人的故事可能成為你的故事。四十五歲轉行，或創業，一點不老，剛剛到半場，場波有排踢。

1.13 求變＝辭職？

中年人一個普遍感覺，是被困。每日生活是關於束縛，想見的人見不到，想去的地方去不到，想做的事情做不到。曾經想不顧一切追尋夢想，但不知不覺之間，夢想變成奢侈品，因為要面對現實。不快樂的中年人認定殺死夢想的兇手，是營營役役的工作，終日幻想破繭而出，必須行的一步，是辭工。

把不快樂歸咎於工作，並不為奇，因為工作佔據我們大部分時間。應付每日工作，已經筋疲力盡，哪有力氣分辨問題的因果，最就手的出氣袋是份工。中年人不滿現狀，最強烈的感覺是求變，第一樣要變是份工。中年人身邊總有童話故事，某朋友轉工後脫胎換骨，扶搖直上，登上夢寐的高位。另一朋友由大公司轉小公司，重拾失去心中團火。這些故事的細節，我們不會知道，也不想知道，因為太美麗。

中年人求變是鐵一般事實，不能假裝看不

見，需要正面處理，不過我提出另一個考慮點：不一定需要辭職。求變和辭職，不是「二選一」的選擇，在原有公司或者有其他可能性。

有沒有想過跟上司談？閣下被困的感覺已經寫在額頭上，所有人都看得見。或者公司有其他機會，例如其他部門崗位，或者全新項目。中年人職場被困，悶是表象，底層原因是認為自己的才能受到壓制，未能充分發揮。攤出來跟上司談，或會有意外收獲。長期谷住不是辦法，不過我的經驗是辭職不一定是最佳選擇，特別是中年人。

在原有公司尋求突破，很可能是中年人較明智的選擇，有三個原因：

一、支援

中年人的一項重要資產，是身邊的支援網絡，這網絡用長時間建成，散佈眾多角落，不過網絡最密集的地方，是原有公司。中年人身在福中不知福，掌握公司的歷史和人脈，做起事來其實得心應手。我們不時抱怨公司的團隊怎鬆散，其實這網絡是我們的重要後盾，關鍵時刻總會發揮水準。中年人容易高估自己的適應能力，低估陌生地方的種種困難，故此很多中年人轉工後表現走樣，原因是失去這個網絡的支援。

二、身份

不要低估份工對我們的重要性。工作表面上是生活的部分，但這部分對我們的影響至深，特別是一直靠這身份行走江湖的中年人。失去這身份，等同失去安全感，甚至自信。很多事情在想像中特別完美，現況其實最真實，即使存在瑕疵。

三、自由

中年人討厭現狀，但忽略現狀怎討厭，也是「已知的討厭」，即是說，是中年人摸熟路數的討厭。中年感到被困的環境中，其實有不小的自由空間，這空間只有摸熟地頭的人才掌握到。他們跟「已知的討厭」共存有一段時間，熟習其脾性，但新環境的討厭可能更甚。

我想說的是，在辭職以外，仍有選擇，最有可能是在原有公司創新。「原有公司」加上「創新」不是矛盾詞，因為原有公司存在不顯眼的可能性，例如未曝光的新項目。一位中年朋友告訴我，近期工作精神飽滿，因為在公司mentor兩位年輕同事，工作忽然充滿意義。有些事情自己做不到，幫別人做到，同樣滿足。

1.14 三十年後看今天

看到一篇訪問，名人被問有趣問題：二十歲的你怎看今日的你？

時間的威力很大，不同時期看同一件事，會出現截然不同的感受。我把這問題扭轉：八十歲的你怎看你今日做的事？

答之前大家須弄清楚這問題的蹺妙處：一個問題包含兩個未知數，一是今日預測八十歲變成怎樣的人，二是預測八十歲的自己怎看今日的自己。

按照醫學科技的進步速度，未來每十年時間，人類平均壽命增加兩至三年，今日五十歲的人，預計活至九十歲以上。換句話說，八十歲很大可能身體健康，保持活躍身心，起碼頭腦清醒。

五十歲出現的普遍錯覺，是已經走過最精彩的路，應該做好過平淡日子的心理準備。「精

彩」和「平淡」是相對形容詞，因人而異，但五十歲相信過去三十年比未來三十年精彩，很可能是錯誤。即是說，最精彩的人生可能仍在後面。

不作抉擇＝最壞抉擇

八十歲給予五十歲最重要的忠告，我認為是學懂為人生作出抉擇。悠長人生中，我們不停作出抉擇，有些影響重大，例如結婚生仔，選擇甚麼事業，另外有些微不足道，這些抉擇累積起來，影響日後成為怎樣的人。八十歲最想提點五十歲，請看清楚甚麼是重要，甚麼是長遠，不要混淆抉擇的性質。五十歲犯的錯，須帶在身上幾十年，是大錯的話，這種長期痛楚折磨人。

五十歲不時出現的念頭，是時日無多，覺得眼前選擇是唯一選擇。八十歲回望，原來選擇比想像中多，只要我們願意停多一停，想多一想，更好的選擇或出現在明天。有時沒法解釋，答案今日就是不出現，耐性的獎賞，是更廣闊的天空。等多兩日，企後兩步，或者可把事情弄得更通透。

八十歲看到五十歲不老，有排未夠鐘，大局不單止未定，還會大變幾次。甚麼是短期，甚麼是長期，當局者分不清的話，應冷靜思考，需要更多時間，需要更多資料，這種等待是值得的。五十歲的抉擇可大可小，不能掉以輕心，但不要走向極端，所有事冰封不動，不作抉擇通常是最壞的抉擇。

八十歲看到未來三十年科技把人類的生活革命再革命，以為iPhone7好勁？嚿仔，你沒法想像iPhone37是怎模樣。五十歲能夠及最需要做，是以彈性看世界，不要相信自己是重視習慣的人，因為習慣一定隨著科技改變。一個建議是，由今日開始，自己動手打破以前深信不能轉變的習慣。五十歲為未來做的準備，最有意思是準備會變。

又多抉擇，又多變，一個必然結果，是我們會犯錯。這是好的，反映我們願意作出抉擇，這是數學作怪，不代表抉擇能力，抉擇的數目越多，出錯的機率自然也高。小時候被教，長大後教子女，跌倒是人生小菜一碟，一定會發生，跌倒後怎自處，才決定成敗。

八十歲看五十歲，最想大喝：「喂，前面仲有幾座山，有排未到呀！」

02

迎新 50+

人生過了二分一，
以為一切已成定局，
原來尚有無限可能性。

2.1 Young Old 崛起

朋友問我，Young Old文章寫得愈來愈有興致，究竟甚麼算是YO？點解忽然大家都在談論YO？答案跟退休有關。

退休的概念大家習以為常，退休便是退休，不值得多討論。一直以來，人生歷程分為三個階段：讀書、工作、退休。退休是步入老年的開始，大部分企業和政府機構的退休年齡是六十歲左右，所有人已經接受，夠鐘便欣然退休。

太過接受便是問題所在，我們察覺到世界變了，但心目中關於退休的概念沒變。

以前我們平均壽命是七十歲，六十歲退休非常合理，人生的最後十年，衰老速度加快，退下來休息是正常做法。但現在平均壽命是八十歲以上，而且不斷在上升中，今天出生的孩子，將活到一百歲，然而我們對退休的看法沒變，製造大堆矛盾。Young Old是在矛盾中誕生。

在世的日子增加二三十年，如果造物主讓我們選擇，可放到人生任何階段，沒有人會選擇把這二三十年放到老年，但這是我們的default決定，六十歲退休年齡不變，增加的壽命全放在退休之後。壽命長了，唯一改變是退休年期增加，很多人覺得不妥，特別是五十歲以後的一群。這群人發現只能靠自己，以自己的經驗和價值觀，重新想像退休的定義，這就是YO崛起的根源。

YO、青少年乃時代產物

有些秩序是天意，例如生老病死、春夏秋冬，可以微調，不能徹底顛覆，但以年齡分隔開的人生階段，是由人製造，隨著時代轉變。舉例，「青少年」（Adolescence）是一個只有百多年歷史的人生階段，換句話說，百多年前沒有青少年這個概念。十九世紀工業革命，經濟發展起飛，需要大量勞動力，童工在那年代四處可見，以今日眼光看，殘忍至極，但那年代的思想，孩子幫手賺錢天經地義，所謂「孩子」的定義充滿彈性，成年人自圓其說，十幾歲的大孩子，不再是孩子。十九世紀，十三歲富家子弟飽讀詩書，窮孩子在工廠全職工作。

社會富裕起來，道德倫理尺度逐漸轉變，成年人覺得孩子也有權利，政府立法保護孩子。最需要保護是十幾歲，不完全是孩子，又不完全是成人的階層，「青少年」一詞在那時候出現，從此增加了一個全新人生階段。

Young Old和青少年的出現，其實如出一轍，都是隨著社會轉變衍生出來的全新人生階段，非天意，屬人為製造。兩者都處於尷尬階段，不東不西，不老不嫩，在灰色地帶混沌一段時間，醞釀社會力量，然後爆發出來。YO不敢認後生，但死不認老，從身體狀態和心境看，的確活力十足，這群人對未來有自己的想法。

YO看退休有不同解讀，在全新人生階段，退休可以是暫時休息，儲存能量後再上路；可以是改變方向的時機，例如全心全意投入興趣；可以是回饋社會的機會，人到了某階段，希望多做自己認為有意義的工作，是人之常情。退休是新生活的開始，不是終點的開始。

從來未試過這麼多人，擁有這麼多經驗、時間、能力，準備就緒把寶貴資源重新投入社會，這是令人興奮的時刻。YO蓄勢待發，Are you ready？

2.2 三件事打破 Stereotype

Stereotype，解作把某些人歸類，這傾向可能是人性的一部分。我有一個有趣的經驗，大學畢業之後不久，舉家移民加拿大，我鎖定投資銀行為目標，好不容易找到面試的機會，職位是Quantitative Analyst，即量化分析師。我對這方面全無認識，而且數學程度停留於中學水平，心想有工見照見。面試表現神勇，結果被取錄，上班之後問題開始浮現。

上司發現我左閃右避，一直交不出成績，捉我照肺，我不得不從實招來。上司聽後反而哈哈大笑，說：「我以為中國人的數學一定標青，所以請你。」我沒被炒魷，他反而給予其他機會，我將勤補拙，那是後話。

中國人數學優秀、法國人浪漫、意大利人愛吃，我們從既定的形象，武斷地把人歸類。關於年齡的歸類也根深柢固，年輕人熟識科技、坐唔定；中年人欠缺活力、失去對工作熱誠、阻住年輕人上位。這些stereotype不管多麼不公平，卻的而且確存在，中年人不能坐視不理。

我認為單是關注不足夠，這些stereotype指控可大可小，中年人須積極回應。人的壽命愈來愈長，五十歲後打工族絕對不是在等退休，前面有無盡的可能性，中年人須掌握前途。對，五十歲後可以「前途無量」！打工族須非常在意職場變化，特別是有心有力的Young Old，此刻你們必須做以下三件事，不止做，而是馴身做。

一、「再投資」在知識和技能

武俠小說中，花心機跟師父學識武功，便可行走江湖，但職場不是小說中的武俠世界。未來的職場千變萬化，追隨者和停留者食塵，只有創新者勝出。各位撫心自問，現擁有的知識和技能，追得上職場的需要嗎？這種投資的性質是持續下去，拿到沙紙便一勞永逸的模式已成過去。唯一方法是投資，再投資。

對前境充滿希望，不是年輕人的專美，中年人對前境也應該有多種想像。如果中年人沒有想像，或被人家視為欠缺想像，不求進步，不只妨礙年輕人上流，還包括其他馴身投資的中年人。

二、投資在健康

五十歲向前望，仍有四五十年壽命，當前急務是確保增加的年月是健康的年月。投資在知識和技能再多，身體不夠強壯，其他的便不值一談，投資在自己的健康不可能有錯。中年人給人家其中一個很不好的感覺，是疲倦，不單止外表，是一種由內至外的枯竭。散發著「你咪唔好搞我，我已經好辛苦」的氣味，人家不想走近。不過，投資在健康不等於苦練做三項鐵人，按照自己的能力和興趣，健康是首要目標。

三、繼續探索

普遍的stereotype是人老了，希望慢下腳步，不再對世界產生好奇。事實是中年人對世界及對自己，仍存有無盡好奇。以前未做過，不代表今日不可以做，探索應該是人生樂趣。況且探索具實質功效，探索事業、興趣、朋友的不同可能性，可改寫將來。

Stereotype不容易打破，但坐著接受是最差的處理方法，中年人首先須承認stereotype的存在，然後身體力行證明stereotype的荒謬，今日的五十歲不是昨日的五十歲。

2.3 歲數的地雷

和朋友談到年齡，每次聽到「你唔似喎」這四個字，心裡是反感，嚴重一點是憤怒，某個年齡有一個既定的模樣嗎？這四個字背後不管是真心或虛偽，聽者接收到的，是年齡歧視的赤裸攻擊。辦公室是最需要包容的地方，隨著社會進步，早已發展出行之有效的方法處理種族、性別、殘疾等歧視，然而，年齡歧視好像是大家認為可以接受的一種歧視。可悲的是，「大家」包括被歧視的人。

年齡歧視是多麼不合理的一回事，老去發生在所有人身上，沒有人例外，歧視他人之同時，我們也在歧視自己，分別是遲早而已。在不少人眼中，老去等於失去，由有變無，我們假設人的活力和熱誠，隨著時間自然逝去，代表不能逆轉的規律。年齡歧視不合理的地方，是我們接受明日的我比不上今日的我——我們都在歧視明日的自己。當我們是這樣看自己，其他人自然跟隨，年齡歧視變成事實。當老去被社會視為一個難受的過程，當事人稍為表現出積極和樂觀，其他人贈的一句「你唔似喎」，帶著明確貶意，意思是「你都算老得唔錯吖」。

歧視老去的自己

自稱是年齡歧視的受害者，最需要反省的地方，是自己怎看老去。面對老去，中年人有兩種極端的反應：第一種是接受，不是經過一輪搏鬥後無奈接受，而是未開波便投降。中年人以為敵不過老去，任何處理方式都是多餘，不如乖乖接受，問題是，中年人接受的，包括社會對年齡的不合理歧視，好的壞的一律全收。中年人內化了年齡歧視，接受了老去等於失去，今日的我比不上昨日的我，受別人白眼無話可說。

我們當然不應逃避現實，老去是事實，但老去並不等於失去，肯定不應以負面情緒看待。太容易把年齡歧視內化的人，除了歧視自己，不加思索便歧視比自己年長的人。被人歧視的人同時歧視別人，多荒謬。

第二種反應是堅決不接受，老去彷彿比死去更可怕。不幸的是，老去的過程不是無聲無息，每朝起身，條腰便急急提醒我們。由上班到運動，我們終於了解「力不從心」的感覺。我有個中年朋友，最近告訴我以後不再出席親友的白事，因為太不喜歡那種感覺。具體是甚麼感覺，我沒追問，隱約知道。有些人明知逃避不是最佳的處事方法，但無可否認，逃避讓壓力得以紓緩。

老去是我們走過人生必經的道路，是生命一部分，每個人的衰老速度、風格、感受，都截然不同，根本無從比較。老得好，老得差，跟誰比較？以前的自己？今日的他人？肯定的是我們的路途不同，愈老愈不同。

中年人追求逝去的青春，通常顯得笨拙，好肉酸。然而，我們絕對可以挺起胸膛，大大聲追求健康和快樂，這些是任何年紀的人也應有的權利。這兩年，我認識了不少年輕朋友，最近跟一個年輕人跑步，發現我年紀大過他的爸爸。似或是不似？不在乎，我昂首闊步一起跑。

2.4 全新時間

過去一百年，人的平均壽命增加了三十年，將來這個數字只會不斷增加。這是無數人的功勞，包括科學家，研究出各種延長生命的方法。

生命得以延長，生活增添想像和可能性，代表人類文明進步，不過背後卻製造相關的問題。其中一個問題是，增加的歲數不是在末段延長老年階段，而是從中間插入。

科學家超額完成了工作，餘下的靠我們各自發揮。問題開始出現，中間插入的影響是整個人生因此改變。舉例，假如閣下的住所增加一間房，會怎用？現在滿屋藏書，如果可把書集中起來，加張書枱，做書房多好。或者做客房，以前親戚朋友過夜，有人要瞓廳，有客房後可以多搞活動。一直想進一步發展興趣，例如攝影，這間房可以做studio。增加一間房，引發出的改變，遠超過這間房本身的可能性，其他房的用途、怎看待整間屋、家人關係、生活習慣，全部改變。

增加的歲數創造一個全新人生階段，出現於大約五十歲至七十歲之間，成年和老年之間。這階段新至沒有統一的名字，各人唯有以不同方式探索。尤如新的房間，中間插入一段全新空間，科學家的功勞，影響的絕對不是人類簡單忽然多了一段時間，這段時間前後的人生從此截然不同。多了這空間，我們可以全新思維規劃人生。

五十歲後懷著自信走進這新空間，自信來自經驗，很多事情試過，摸熟自己的喜好，甚麼能或不能，甚麼想或不想，不再妄想，不再強求。五十歲後變得從容，性格沒變，變的是懂得定下適合自己的期望。

接受失望迎新事

增加的歲數不是在病床中渡過，今日五十歲

後開始跑馬拉松，大有人在，證明有心不怕遲。健康也是自信的根源，很多「五十後」比自己年輕時期更活躍，聯群結隊通山跑。二三十歲有氣有力時不做，五十歲後才做，點解？

我問身邊五十後，答案頗一致，心態改變了。一方面感到不再年輕，很多想達到的人生願望，已經達到；不能達到的，懂得接受。另一方面不感到衰老，覺得自己仍然有大把事情可以做，包括學習新技能、培養新興趣、認識新朋友。二三十歲的時候，人生目標相對單一，很多事情未試過，就是不能領略箇中奧妙。五十歲後打開全新可能性，帶著一份從容，學新事物較易上手，認識新朋友較易建立關係。五十歲後偶爾會質問自己，早二十年是這樣子的話，事業成就或不一樣，但想深一層，沒行過這段路，不可能成就今日的自己。

中間加插的歲數，是人類文明賜予的禮物，我們不用心急，這件禮物不會突然消失，可以慢慢計劃，用自己的時間表探索不同的可能性。最重要是不要怕犯錯，在五十歲後的新空間，所有事情特別從容，因為我們不會拎條命去搏。錯之後，慢慢起身，再試其他方式。有心有力，有新發現的智慧，有時間，我一定不會辜負科學家的努力。

2.5 生命設計師

中年人每次聽到「人生規劃」四個字，心中便破口大罵，竟然有人以為人生可以事先規劃。走到中年，領略到關於人生的教訓，是無常。不管是煞有介事的規劃，或是隨心漫步，人生都像解不開的謎語。走過後回看也混沌迷離，事前預測更是荒謬絕倫。犬儒的中年人對「人生規劃」又厭又懼，知道其重要性，同時接受掌握不到的無奈。

市面上有數之不盡關於「人生規劃」的書，讀者源源不絕，永遠有市場，看不清前方的人需要買，即是大部分人。買這些書的人靜靜雞買，感覺跟買咸書差不多——你知道其他人也有買，但大家心照不宣。特別是中年人，被封面的宣傳嚇窒，一時之間感到不安和不足，立即買下，回家看不過三頁便放棄，邊看邊罵，這是一派胡言，人生不是這樣的。我當然沒買這些書，以上的經驗都是聽朋友說（哈哈）。事實是最近買下一本打正「人生規劃」旗號的書，因為好評如潮。

書名是《做自己的生命設計師》（*Designing Your Life: How to Build a Well-Lived, Joyful Life*），看見書名以為是另一本浪費時間的爛書，原來內容比書名精彩。「設計」是指以設計師的「設計思維」（Design Thinking）解決人生的問題，作者大有來頭，是史丹福設計學院的兩位教授，他們之前領導美國矽谷的著名設計團隊，包括蘋果。

「接受錯」的能力

這本書的基礎源自他們在史丹福的一個課程，經過多年實證測試，是最受大學生歡迎的課程之一。近年這課程的知名度走出校園，企業發現設計和人生息息相關，中年人尤其渴望藉著課程為人生下半場找出方向。兩位教授索性寫了這本書，並設計了自學網站，把課程的心得公諸於世。

誰人有資格可教導其他人設計人生？看一看四周，手上的手機和平板電腦、坐著的椅子，這些美妙的產品，全部是經過設計師以設計思維，解決一連串問題之後得出來的成果。我們滿意地使用這些產品，甚至因此改變生活方式，或者我們可從設計師身上學到一些東西。

「設計思維」是設計師處理設計的方式，人生原來跟設計師遇到的挑戰有共通點，可從設計師身上取經。設計師不是憑電光火石一閃的靈感，而是靠不停測試、不同假設、不同系統，從試驗中找出問題所在。設計師一個值得學習的地方，是接受設計過程中一定有錯，錯是不可或缺的原素，不過設計師細心分析每一個錯處，從錯處學習，把學到的教訓應用在下一個版本。對，人生不只有一個版本，設計師確保下一個比前一個優秀。

設計師不是等待靈感，他們的「殺手鐧」是做樣本（Prototype），很多時不是做一個，而是天馬行空地做幾個完全不同的。做樣本是接近真實的測試方法，用自己手腳，用真實的物料，模擬真實的情景，透過行動了解問題所在。作者建議我們都做人生樣本，方法是建立對話。

我們對一件事或一份工作有興趣的話，不妨考慮找這方面的專業人士談，從他們的經驗學習。例如考慮轉工，樣本可以是以義工形式做一段時間，在近距離觀察。樣本不是最後產品，但從做樣本過程中，我們看到平日看不到的角度。坐著不動，緊守現狀，是設計思維的敵人，也是我們感到最舒服的位置。這本書好看，如果破例買本人生規劃的書，買這本。

2.6 第二種人生

七歲的孩子放學後興奮地告訴媽媽，老師今日問他們長大後想做甚麼，孩子們的答案是飛機師、消防員、運動員等。老師日後可能須謹慎一點，因為這問題政治不正確，問題意味只得「一個」志向，但潮流是年輕人拒絕被一份職業縛住。

「大個之後想做甚麼」，這問題的確存在問題，如果孩子的答案是同時想做飛機師，又想做消防員，又想做運動員，媽媽會覺得不妥，指出孩子應該專注，分心的話最後一事無成。問題是今時今日年輕人就是最不接受這看法，多心，一時一樣，變完再變，沒問題，變是探索的部分，人可以有多過一個志願。

最近認識一個二十五歲不夠的年輕人，正著手開展第三個Start Up，是他有問題，抑或認為他有問題的長輩有問題？

父母替孩子焦急，擔心他們轉工如轉衫，他

日必定吃虧。父母回看自己的職場生涯，或身邊的成功人士，穩定代表最穩妥的成功路。很多經驗和關係需要時間浸淫，年輕人根基不穩，人生欠缺重心，將來事業受限制。父母不祈求子女從一而終，應變則變，但不是變到這麼厲害。

然而，年輕人覺得自己沒錯，他們的興趣的確隨著時間改變，真的曾經想做飛機師，不過這刻想做廚師。在這爭論上，我完全站在年輕人的一邊，還不止，我認為中年人也應該懷著「多心」面對世界，因為其實我們多才多藝。

多心無罪　轉工有理

中年人應該向年輕人學習，多心無罪，放膽發揮自己的多元潛能。千萬不要低估自己，我們的才能遠超過朝九晚五的工作。我們在業餘興趣的成就，隨時超越正職的表現，原因是我們一直埋沒真正的天分。以往我們不斷勸誡自己，不要妙想天開，興趣還興趣，早點瞓，準備明天上班。想到養妻活兒，我

們不期然以金錢衡量興趣，因此所有考慮以搵食行先。我們不為意，經過多年勤奮累積，在興趣上建立的知識，可能已經夠搵食。

中年人應該誠實面對自己的潛能，掌握自己是怎樣一個人，甚麼事情可以或不可以，其實心知肚明。五十歲向前望，職場生涯可能還有三十年，埋沒自己最愛，十年再十年再十年，此刻行動吧！中年人身邊都有這些真人真事，辭工去做與以前本業毫不相關的工作，可能提起勇氣專注畢生興趣，可能做義工回饋社會，當中充斥成功和失敗例子，我們心底裡把這些故事跟自己的處境對照，然後問：我呢？

中年人非但不應該批評年輕人不定性，還應該向他們學習，多聽自己心裡的呼喚，少聽所謂現實的分析。我們擁有多元潛能，善變其實是探索真正適合自己的意向。人生有很多條路，行完一條行另一條，正常不過，過程中加深認識自己。中年人轉工，轉行，創業後重返校園，做義工，全部都歡迎，而且可以全部做齊……然後發現未夠七十歲，仲有三十年命！

2.7 斜號中年

最近看到時事節目，主題是「斜號青年」，斜號是標點符號Slash，意思是年輕人不滿足於單一職業的工作模式，同時身兼數職。我們從職業中建構自己的身份，介紹自己的傳統模式是「姓名＋職業」，例如「王敏儀，會計」，但這年頭斜號青年的職業介紹卻是「王敏儀，會計／演員／寵物店東主／寫作人」。新世代顛覆傳統，包括工作模式，年輕人希望在多重職業上建構自己的多重身份。

一路看節目，一路聯想到自己——原來年輕人和中年人有這麼多相似的地方。斜號青年當中有非自願，部分找不到長期合約，被迫接受短期和兼職合約，但也有不少是自願，因為希望追求多種理想，以及從自己的興趣出發，發展自己所愛的事業路途。中年人在職場走了大段路，為了家庭、為了現實，過去沒把自己放在第一位，到了某一點，發現是時候投入自己真正所愛。我認識不少「斜號中年」。

中年人普遍其中一個斜號身份是顧問，也許

在原來的公司由全職轉為每星期工作三天，而工作內容改變不大，唯一有別於以前的是能夠同時為其他公司提供服務，其他公司未必想負擔中年人的全職薪金，合約形式合作是理想安排。

中年人從事顧問，目的是憑過往經驗謀生，但中年人最渴望的斜號身份，卻與理想有關。走到人生半場，對許多事情建立起一套看法，不再盲目追逐，這時候最常想實現未完的夢。我認識一個從事IT的中年朋友，工作甚困身，未投身IT前，曾任教師。這些年他的IT事業做得有聲有色，但念念不忘教師的工作，最近的起心肝，放下部分IT工作，重執教鞭。另一個朋友五十幾歲，重返校園，不說不知道，原來他沒大學學歷，是多年以來說不出口的遺憾。可以肯定，斜號不是年輕人專有。

身兼多職　全因貪心

二十一世紀的職場，不再是一條直線向上爬，打工族可選擇打橫行，甚至向後退，為了可以創造多過一條線。社會眼光不斷在變，斜號工作者可以非常專注，只是在不同時間專注不同事情。我們埋怨社會欠缺創意，斜號工作者創意澎湃，因為這些人不怕嘗試，多一個斜號又如何？

斜號工作者貪心，想要更多，更多滿足感，更多成就感，更多接觸不同事物的機會，更多有用的經驗，而一個身份容納不到這種「多心」。以前，決定職業的首要因素，是現實，哪一種職業可養妻活兒；今日，斜號工作者希望同時兼顧自己所嚮往。二十一世紀工作環境不只可容納，更加渴求斜號工作者。

中年人在同一條跑道跑了半生，望一望四周，發現原來有其他風光，轉換跑道，或同時試其他跑道，不再是「不現實」的選擇。斜號青年受到不友善的目光或不公平的對待，想找人傾訴，考慮找斜號中年。

2.8 跳出年齡的規範

B將近三十歲，職場成績不錯，公司內屬被看好的年輕人，突然宣布離職，在全新行業從頭做起。B的看法是，自己有的是時間，不應怕試新事物，更不應盲目遵從前人走過的路。B身邊例如我等叔父輩替他焦急，覺得三十歲不算年輕，忍不住找B詳談，結果是我上了人生一課。

活到一百歲，新增的歲數創造新增的人生階段，除了介乎中年和老年的Young Old，另一個是二十多歲至三十多歲的加長版「年輕人」。在上一代眼中，三十歲在人生各方面應該建立根基，事業開始有成，起碼有意識成家立室。貿然從頭再來，特別是在發圍期間，上一代難以接受。這一代年輕人卻不是這樣看，壽命延長，選擇人生道路的環境隨之改變，年輕人不用急於下決定，延長考慮的時間或者對自己更有利。

二十八歲仍在讀書，不代表逃避；多花時間尋找自己所愛和所長，不代表浪費時間。人生中我們不停作選擇，在金融市場，這些選擇有價有市，多看兩日，多一點資料，選擇的定價全然不同。年輕人知道自己擁有較多的選擇，以及可以延長選擇的時間，代表實質優勢。這一課非常寶貴，中年人可向年輕人學習，我們的選擇比想像中多，比想像中有更長的考慮時間，這啟示尤如當頭棒喝。

壽命延長，多了時間，怎用？年輕人用來探索，制定屬於自己的時間表，不理他人，特別是上一代人怎看。上一代人作的選擇，是根據不同的背景及時代而下，那一套不再適用。我太喜歡年輕人這種思維方式，中年人有太多方面可以學習。

以前，告訴你另一個人的年齡，你大概可想像這個人的職業階段及家庭狀況；今日，無從估計。年齡不再決定人生階段，我們的可能性不再被自己的想像限制，這是一種解放。「三十而立，四十而不惑，五十而知天命，六十而耳順，七十而從心所欲」，八十呢？從前，很少人活到八十歲。我們應否繼續遵循前人的人生軌道？當其他人在做我們在做的事，我們感放心，即使是錯，也有很多人同時錯，想深一層，其他人同時錯對自己其實沒好處。

戒掉三心兩意

Young Old處於全新人生階段，遵循前人的道路，其實是錯，因為前人的經驗只適用於另一個年代。我們不如從年輕人身上學習，放膽探索，做一些同齡人不做的事情，例如五十歲進入新行業，開展另一段事業旅程。當我們的工作年期長達五十或六十年，五十歲轉行，仍有排玩。

Young Old最需要學習的，是戒掉兩邊望的習慣，其他人做不代表我們需要做。我們應該長期處於探索狀態，最不智的態度是因循守舊，與同行者步伐非一致反而是新常態。這期間的探索需要自信，因為這條路很可能是一個人行，這種轉變只此一家，果實由自己享用，後果由自己負責。

年齡不決定人生階段，最苦惱是HR。HR喜歡齊齊整整，二十歲做甚麼，三十歲做甚麼，有次序，有板有眼，總之不要亂。三十歲Fresh Grad，五十歲休息三年重出江湖，這些個案陸續有來，最需要探索是HR。

2.9 生日派對

我出席過幾個慶祝五十歲的生日派對，說來有趣，好像未去過四十歲或六十歲的，或者五十歲特別值得慶祝？

五十歲是人生路上一個重要標記，中年人感受到，距離終點近過起點。

朋友有來有去，特別是經歷過八十年代香港的中年人，移民代表增加離合的機會因素，要好一輩子的朋友為數不會多。不同時期出現不同朋友，跟生活習慣的關係最大，例如二十幾歲認識一群可以朝夕相見的朋友，三四十歲認識同樣有孩子的朋友。人在經驗中建立喜惡，年紀愈大，這部篩選機器運作得愈落力。五十歲時期最要好的朋友，大都跟興趣有關，例如一起行山，一起玩音樂。然而，五十歲生日派對的特點，是新舊朋友通通請來，彷彿是人生故事的大團圓。

這種廣邀朋友的方法頗特別，五十歲的人很

知道自己喜歡甚麼，盡量不勉強自己做不願做的事情，例如出席一些無謂的約會，己所不欲，理應勿施於人；但這一日廣宴親朋的意義是，這一晚代表著某一段落的人生故事。想深一層，從派對出席者的背景看，五十歲生日派對跟另一種「派對」相似，那種派對通常在北角或紅磡舉行。

舊鄰居、舊同學、舊同事、最新好朋友，聚首一堂，這個派對未坐低已熱鬧，難得有這樣的場面。派對出席者心裡想，好像見過，又不敢肯定，原來香港好大，在街上走來走去也不會遇到。

懷緬過去的一夜

派對總有一個環節，是懷緬過去，或放幻燈片，或由朋友細說當年。這些故事有一個共通點，幾十年人事幾番新，變的太多，但變來變去，不變的也很多。三歲未必定八十，但人有很多質素不被歲月改變。

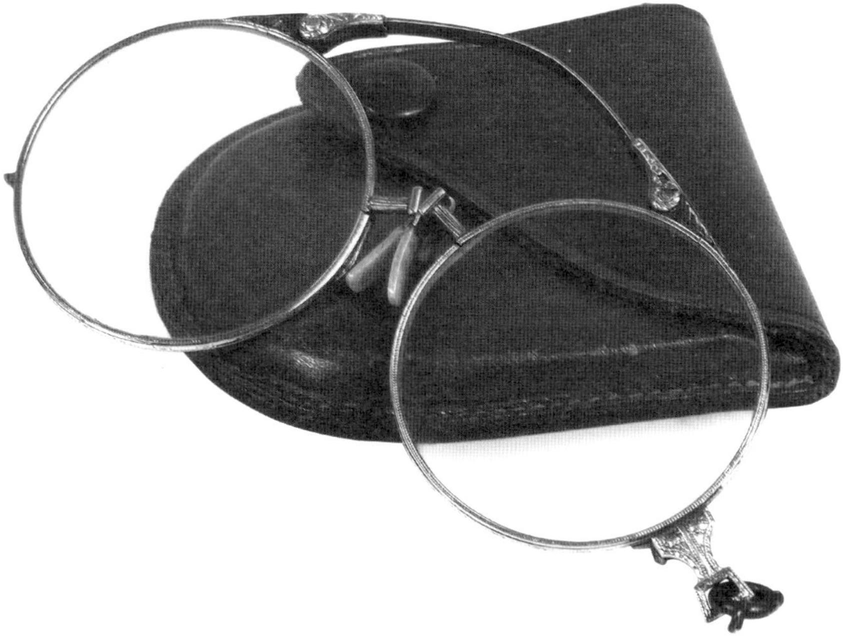

懷緬過去可以是令人愉快的事，這一夜報喜不報憂，美好回憶配以美食，是上佳配搭。懷緬過去有另一個任務，是避開談將來。這一夜慶祝的，是過去的富足人生，至於五十歲後的日子……夜了，有機會再談。幾十個五十歲後的人在一起，談話內容可以很掃興，談到長期病患的父母，以為自己看通世界的子女，以及停滯不前的事業。

或者有一兩位出席者已提早退休，大談在有心有力時候退休的樂趣，怎樣重新認識自己、怎樣貢獻社會、怎樣培育下一代，但搭嘴的人不多，其實大部分人心裡暗叫：收皮啦！達至財務自由的人是有福的，但這種福分最好不要宣揚出去，這一夜酒精橫行，恐怕有人借醉行兇。

走到半百人生，是值得慶祝，但五十歲後的一個階段，卻製造令人不安的懸疑。那些美好故事，通常被美化，總之不會在自己身上發生。剛聽完到達五十歲怎過癮，轉過頭，便要面對五十歲後的現實，立即變成夾雜著失望、後悔、不忿、逃避的情感。五十歲的派對一定有好多人飲醉，這些人不是替壽星公高興，而是感懷身世，為自己敬完一杯又一杯。

2.10 回顧過去

有不同的外在訊號象徵步入中年，例如頭髮稀疏、筋骨變硬，不過最明顯是心態改變，因此，中年是很適合回顧的年齡。畢業後我積極參與舊生活動，甚至成為搞手，目的除了回饋母校，當然包括擴闊社交網絡。這股熱情維持了幾年，之後漸漸消失，沒有特別原因，就是沒再出席。直至幾年前重新參加中學畢業三十周年紀念之後，興高采烈告訴朋友當晚的事，朋友贈的一句今日仍記得：

「你老喇！」

這幾年不單止出席舊同學、舊同事的聚會，還不時問這些在不同年代認識我的人同一問題：那時候的我是怎樣？中年人回顧自己走過的路，是正常行為，現在的我們是過去做過的事的總和。除了回憶，還想知道其他人對自己的看法。回顧過去，有些事情至今不變，有時事情變，而且變得厲害，過程中未必掌握到轉變的細節，唯有向自己解釋，我跟隨時間成長了。

中年是適合回顧的年齡，首先是走過一段不短的路，有足夠的事情供回顧。另外，是有足夠時間從回顧中領略到有用的東西，用來改變未來。回顧是一種學習方式，而中年是學習的好時機。中年人的時間是一種「貨幣」，經過幾十年提煉，身價不菲，未來一段時間要謹慎使用。

回顧惡果：自欺和遺憾

但是，回顧亦是中年人的高危動作，因為很容易產生兩種後果：自欺和遺憾。我有個同齡朋友，近日不時在社交網絡上載舊照片，側邊放張近照，對照自己過去與現在的樣貌和身材並沒大變。最近他在朋友聚會中成為眾人的笑柄，不肯認老的中年人行為，可以好好笑。我相信這位朋友不認老的階段很快過去，一點點自欺是無害的，甚至值得鼓勵。大班朋友拿出來笑一餐，取笑人家之同時，其實是取笑自己，自嘲是中年人不可或缺的幽默。

自欺沒問題，重點是在適當時候回到地球，否則演變成拒絕接受現實。想當年做過，今日嘗試再做，做得不自然的話，收手，飲杯作告別，move on。累積不肯接受現實的結果，是產生遺憾，中年人的遺憾特別多。有些遺憾殺傷力不大，例如某份工不應該放棄、某隻股票沽得太早，這些回憶令人不快一段時間，之後會忘記；然而，有些遺憾困擾力特強，通常是關於人生中一些自己認為不受控制的事，當夜闌人靜時質問自己：真的是不受控制嗎？工作太忙，錯過陪伴父母及子女，這些機會一去不返，怪個天？怪別人？或怪自己？

回顧之所以值得做，是因為我們難免經歷甜酸苦辣的回憶，有些希望抓住，有些只能回味，有些後悔莫及。回顧是一個過程，過程中充滿理性和感性，但最後須由理性的一面帶自己回到現實。現實是由這一分鐘的生命再開始，將來的決定，決定將來。

2.11

愈老愈快樂

愈老愈快樂的概念表面上反智，年紀大了，身心皆走下坡，很多事情力不從心，是不快樂的序幕。

年輕人在想，年紀愈大，愈多怨氣，老可視作一種病。

這是天大的謬誤，與事實相反，科學家一次又一次以實驗證明，人很懂得怎老，快樂指數隨著年齡增加，愈老愈快樂是經得起考驗的事實。

人擁有掌握時間的能力，時間不是時鐘、日曆上的數字，而是人生之中的不同階段。這種能力與生俱來，數學零蛋的人也擁有，因為這種數學超越推理和邏輯，代表人生的技能。年紀大了，覺悟生命不是無限，隱約開始感到終點前的倒數，不期然作出改變，這些改變令我們活得更快樂。

年輕時，時間多的是，從來不在考慮之中。可能後悔的約會，照去；可能沒結果的行動，照做；可能沒發展機會的關係，照發展，因為永遠有明天。但年紀大了，我們自動學懂把時間放入這些考慮之中，當時間變成可捉摸的限制，我們便會根據自己的限制調整目標。

以前有人向我解釋愈老愈快樂的原因，當時我不願意相信，因為無限時間在手，試完再試，錯完再錯，代表年輕人最強大的武器。這假設不錯，問題是，這武器的威力隨著時間在退步中。踏入五十歲後，我們非常感覺到這種掌握時間的神奇能力，知道自己究竟想要甚麼，眼前的抉擇忽然變得清晰。面對同一件事，包括不如意的事，處理時忽然得心應手。我們發現愈老愈快樂是真的，因為出現以下四個改變：

一、目標清晰

探索是好事，特別是年輕人，不過探索牽涉風險，有得有失。五十歲後的投資風格自動改變，特別是人際關係，沒結果、沒感覺、沒共通點的關係，不想開始。年紀大了，懂得自覺，不時出現覺悟時刻——原來我們是這樣一個人，原來我們最想要這些。

二、不拘小節

年輕時衝衝衝，稍遇到不如意，例如其他人跟不上自己的步伐，換來失望。今日回看，這些是小事，原來很多問題，特別是關於人與人之間的關係，觸發點都是小事。年紀大了，特別懂得放低，因為我們分辨大小輕重的能力提升。

三、四處感恩

當我們對時間的觀念改變，便自動懂得感恩，我們擁有的已經不錯。以往爭取的目標，不是不好，但對整體人生的影響其實不大，得不到也不相干。五十歲後對物質的追求自自然然下降，轉而追求人與人之間的關係，這種轉變的影響很大，因為我們的抉擇能力變得明智。

四、處理逆境

原來一直困擾的事，是自編自導自演，疑神疑鬼兼自我想像，所謂逆境，根本不算逆境。這不是阿Q精神，而是智慧的累積，終於領略接受的重要性，抗逆能力急升。

各位五十歲後，環顧四周的朋友，當中有人忽然成為活躍兼成功的社交動物，這個人可能是你。

2.12 耐性是年紀送來的最大禮物

約盧峰飲咖啡，興高采烈介紹我的新狀態，怎樣探索另一種生活空間。離開時，盧峰說：「Tony，唔合格喎，你一樣行得咁快。」噢，腳步出賣了我，有些事情用口講沒用，個心未能完全適應。

認識盧峰的時候，各自在搏殺，這些年，他也改變步伐，做了兩件我認為型極的事：

第一，他在西貢海邊租了一間屋，作寫作之用，每星期幾日，離開城市，腦海在浪聲和風聲中滑翔。我參觀過他的海邊書房，牆髹上黃色，美極，寫不出東西，從此不能抵賴；第二，他在學樂器。五十歲後學樂器，沒有更能挑戰耐性的測試。

學樂器，練耐性

我沒學樂器，不敢開始，因為我預計到這將會是一個自我懲罰的過程。不只樂器，五十歲後學一種全新技能，同樣是極為困難。大量練習不在話下，初學者以最赤裸方式感受「有志者事竟成」這句話的無稽。自詡為有耐性的五十歲後，去學一種樂器吧，感受耐性的真正意義。

自小我們被灌輸「耐性是美德」的概念，大部分時間我們沒把耐性放在心裡，以為是一種自然反應，經過年月自動累積，成為人有我有的技能。某程度上，這種看法沒錯，但耐性因人而異，視乎性格、際遇、個人選擇等，例如我相信盧峰的耐性比我優勝，特別是上完樂器課之後。同樣道理，我覺得今日的耐性比兩年前優勝，因為開始懂得接受。

我接受前面個男人行行下突然停低，覆WhatsApp；接受最不想出現的事，總有辦法在最不適合的時間出現；接受有些日子膊頭痛到不能舉直隻手。接受的意思，是不怨天尤人，不自責，懂得欣賞慢的美麗，懂得欣賞小小苦楚等於激勵。

耐性是積極的力量

耐性，有個天敵，一個字：「急」。在人生另一個階段，急是指定動作，太多東西須吸收，我們趕著改變世界，make a difference，時間總是不夠用。五十歲後不後悔曾經以急做人，這是旅程一部分，但未來日子我們大力接受耐性，這是年紀送給我們的禮物。在急的年代，腦海裡不自覺包拗頸，不停指揮我們事不宜遲，行得快好世界，耐性是執輸的代名詞。經過年月的挑釁，我們知道怎應付包拗頸。

耐性不消極，剛相反，代表積極的力量。有耐性的時候，我們集中精神，專注做好眼前件事。有耐性的時候，我們以冷靜面對困難，混亂中找出秩序。五十歲後成為耐性專家，因為我們知道耐性牽涉一個浮動的容量，這容量不固定，出奇不意嚇我們一跳。有些事未經歷過就是沒法領略，五十歲後哭過笑過，遇難關時敢相信雨過現晴天，及親身經歷過龜兔賽跑不是氹孩子的童話。

耐性和急之間永遠有一道張力，五十歲後經驗終於抬頭，知道怎樣應付急的催促。我未必能鼓起勇氣學樂器，但將會學習放慢腳步，多欣賞四周的風光。

2.13

計較好事……

五十歲後特別懂得感恩，因為去到人生中場，懂得誠實回顧，踏實展望將來。

「物以類聚」這四字詞語的威力真大，沒有刻意篩選，常見的人自自然然不同了，五十歲後身旁的人是其他五十歲後。作為新加入者，我特別留意這群組的行為舉止，發現一個頗特別現象，這群人不停細數生命中的好事。這現象當然特別，年輕朋友聚在一起，例牌動作是呻，呻上司怎戇居、呻內地人怎無禮、呻政府怎無能，但五十歲後卻不停感恩。

感恩是感激得到有形或無形的東西，感恩的人看到生活中的美好，並知道這些美好不是理所當然，不完全屬於自己的努力，過程中有其他人或力量幫助。五十歲後走埋，爭相感恩：「我幾好呀！」

二三十歲的時候，我們不斷向前衝，相信命運在自己手，成功唾手可得，偶爾失落是雜

音，目標在面前。銳氣在這階段是好事，未試過怎知不可能？拓闊疆界靠的，很多時是心口的勇字。三四十歲開始遇到成功，但問題是，嘗過成功後渴望更多，怎多也不足夠。這段時期莫說感恩，我們覺得上天不夠公平，事業不錯有成，但成績總是跟期望差一點點。五十歲前的生活，是關於「不夠」——不夠好、不夠多、不夠大。

五十歲後特別懂得感恩，因為去到人生中場，懂得誠實回顧，踏實展望將來。跟上一代不同，我們活在百歲人生的世界，五十歲只是中場，這時候正好回一回氣。誠實回顧的威力很大，以前總是感到不足，因為我們不誠實，認為自己應該得到更好成績。錯的是別人，自己不好彩，靜心回顧，我們是否去得太盡？是否把期望定得太高？踏實展望將來對我們目前生活的影響也很大，去到中場，前面對手是龍是蛇，有跡可尋，自己有幾多本錢也心中有數，是時候設定貼近現實的計劃。

五十歲後覺得年輕離開自己已遠，無謂欺騙自己，將來是未知數，雖然一定全力以赴，因此懂得欣賞現在。現在原來好靚，我們已經擁有這麼多好東西，不如多花時間享受現在的一切。不懂感恩的人討厭現在，現在是短暫的，因為樣樣不夠如意，下一步便飛黃騰達。

進入忘我境界

當人生這場球賽剩下半場，我們不期然調整期望。五十歲後變成期望高手，打羽毛球識得找對手，場場波變成有得打。如果對手是林丹化身的話，取得兩分，便視為勝利，這叫期望管理。五十歲後知道所有事情都是與期望比較，自圓其說成為開心的方程式。

我甚至聽過另一個五十歲後朋友，他說做事特別得心應手，以前做不到的忽然做到，以前開不到的門忽然打開，做事像進入一個「忘我」（英文叫Flow）的境界。這個半退休人士最近不是得到特大成就，而是終將懂得把期望定立在適合自己的界線。

感恩不是每事寄張Thank you card（有恒心做當然是好），或感恩不離口，大部分時間感恩之情埋藏在心裡，自己知道已足夠。我沒能力看穿別人心裡話，但五十歲後的行為太明顯，身體語言不停在說「感恩」。

03

抉擇

退休？不退休？
顛覆傳統規範，
開展人生新一章。

3.1 別以退休作逃避

看看四周，不少朋友在談論退休——幾時、要幾多錢、退休後做甚麼，而這些朋友年紀比我們年輕。曾幾何時，退休的時間表由身體狀態決定，我們工作至不能工作，極度無奈才被迫停下來；今日，我們赫然發現，退休的時間表在自己手上。

有位朋友定下死線，是四十五歲，理由是工作二十年，夠了，是時候作新嘗試。不單止談論，有人坐言起行，真的提早退休，我們既欣賞又羨慕。提早退休人士之中，有些人快速累積財富，退休後享受人生，有些人改變生活方式，走向簡單，以minimal方式體驗退休。不同形式，同樣精彩，中年人一路盤算，一路為自己打氣。

在自己選擇的時間，享受真正所愛，避免來得太遲，提早退休不是人人擁有的福氣。看著同齡朋友在職場追逐，自己嘗試退休的各種可能性，心中涼快。提早退休，在想像中是一幅美麗的圖畫。慢著，太美麗了，讓我唱反調，美的東西很多時隱藏陷阱，提早退休並不是所有人的一杯茶。

別因工作不滿而退休

最常見犯的錯誤，是工作不如意，視退休為解放。踏入中年，職級升上中高層，面對的同事和客戶不同了，工作性質變得複雜，難以適應，失去昔日的朝氣。有些人以為自己渴望提早退休，其實真正的渴望是找到一份更適合自己的工作。

提早退休本身沒問題，的確可以是一件美好的事，問題出在我們混淆了動機。工作的不如意可能是短暫，雨過見天青，但我們抵受不到某段時間的鬱悶，誤解了自己的心情。如果我們在做一份各方面滿足到自己的工

作，無論是挑戰、待遇、同事關係等，都稱心滿意，未必考慮提出退休。不幸地，不少人選擇提早退休的源頭是工作不如意，這些人很快會發現退休也不是易事，無所事事，鬱悶指數不跌反升。

另一個提早退休的錯誤，是欠缺耐性。這可能是現代城市人的通病。在舊式社會，事情有秩序，時辰未到不強求，知足者懂得尋找屬於自己的快樂。今日社會的關鍵詞是即時，不單止需要，更加是這一刻需要，慢一步不合格。快樂本可以細味，但我們寧願即時全數提取，在這分鐘享受。

我們都高估自己，認為自己已經付出很多，是時候收割，享受之前付出的辛勞，但實情是人生的耕耘沒法速成。對於欠缺耐性的人，提早退休變成一種逃避，我們不想測試自己的潛能，以為過去的失望代表能力範圍內的所有嘗試，心安理得地步入退休。在寧靜日子，腦海裡泛起一個個「如果」，這種不忿抵消退休帶來的快樂。

另一個提早退休的錯誤，是覺得前路沒希望，選擇離開，以為新環境總比現況優勝。每次金融風暴都製造一群群絕望者，這些人覺得工作沒意義，所有財富轉眼間竟然可以化為烏有，不如轉換環境，過另一種生活。外部環境變化可以很大，變壞和變好在一瞬間，清醒後這些人在場邊磨拳擦掌，恨自己太早離場。

提早退休外表充滿美好，但內裡波濤洶湧，關鍵在於最原始的動機：為甚麼這樣做？

3.2 退得早，多煩惱

退休的確充滿浪漫，退休前一段時間不停想像，太多以前沒機會做的事、沒去過的地方、沒時間見的朋友，臨近退休者像籠中鳥，退休一刻門打開，一飛衝天。掃興的是，外面的世界並非如想像，退休生活埋藏以前看不見的地雷。退休後出現後悔，這情況甚普遍。

後悔的感覺情有可原，大部分退休者是第一次退休，沒過往經驗，所謂經驗是道聽塗說。上一代人大部分沒有退休的概念，做到不能做下去便退休，事前沒周詳計劃，退休後見步行步。從傳媒聽到不少退休故事，但問題是這些故事都經過篩選，報喜不報憂，集中報道退休者找到新生活，例如創業成功、從做義工找到人生意義等，從不會報道失敗例子。中年人產生錯覺，以為退休是充滿快樂之地，應該以儘快抵達為奮鬥目標。

低估錢、時間和情緒

退得太早的根源是一連串的低估，第一個低

估是關於錢，退休前做好財務預算，不用上班，衣食住行應該可以找到節省的地方，而且退休後不用跟別人比較，一切從簡。真正步入退休之後，發現支出跟以前分別不大，兼且不斷出現不可預見的特殊支出。退休者未必是不夠錢用，但心裡的負面影響可以很誇張，一個「騰雞」的人作出的決定，多數不明智。

第二個低估是關於時間，退休者發現退休生活的時間過得這麼慢。掉轉看，退休者發現自己的做事效率原來這麼高，退休前定下一大堆希望實現的計劃，例如長途旅行、買心儀已久的玩具、做任性的事……點知半年後通通做完。以為可以放任自己三兩年，點知三扒兩撥搞掂，開始擔心，未來日子怎過？

第三個低估是退休製造的負面情緒，退休者的心靈特別脆弱，情緒指數如坐過山車，一時覺得好彩提早退休，否則被困在倉鼠籠，無了期跟別人競賽；一時覺得前景很灰，鏡中看著一個廢人。退休者的身份、生活智慧、人際網絡完全改變，一時間失去重心，後悔是正常不過的感覺。

大部分後悔的退休者都不是面對確切的危機，心中的不舒服比實際情況嚴重。太多時間在手的壞處，是容易胡思亂想，愈想愈黑，走入困局。退休是非常重要的決定，退休者必定思前想後才提起勇氣按掣，退休後不管怎失重心，首要尊重這決定的正確性。或者低估了某些事情，但要捱過去，解決方法是適應或變陣。退休者需以積極行動克服後悔的感覺，因為這感覺很快加劇至失控。

退休者需要誠實面對自己，認識自己的最佳方法並不是獨自腦交戰，而是與朋友，特別是同道人多連繫。朋友的經驗比傳媒故事真實，可以看到退休跟人生其他階段沒分別，有起有跌，跌低起返身，有時靠自己，有時靠朋友伸出援手。退得太早是普遍的感覺，頂硬上，老友！

3.3 退休後的兩個神話

中年人幻想未來退休生活，視乎本身的性格和人生經驗，通常遇到兩個神話中的其中一個。

第一個神話是環繞一個字：「夠」。勞碌大半生，好攰，夠了，是時候休息。況且世界變得太快，年紀大，機器壞，終極目標是退休之後能夠享福。這類人認為退休是終點前的休息站，受體力限制，能夠做到的有限，樂於停下來。

第二個神話是退休後終於可以大展拳腳。退休前為了事業、為了供樓、為了家人，所有付出都是為了別人，被迫埋沒自己真正追求。等了這個機會好耐，終於可以做自己想做的事。這些年來心裡在計劃，默默培養心情，是時候進行生命大革新。這類人視退休為另一個起點，仍然有氣有力，太多有趣事情等著被探索，退休是關於重生。

形容這兩個可能性為神話，因為它們只在傳

說中出現，現實是中年人一是太悲觀，一是太樂觀，退休的性質複雜，真正的可能性永遠出現在兩者之間。換句話說，悲觀者和樂觀者是退休生活光譜上的兩個極端，絕少人能夠抵達，中年人在兩個極端之間遊走，退休生活夾雜著休息和重生。

期望愈大失望愈大

兩者之間，「重生派」較為高危，這些人蓄勢待發，對未來有很多幻想。我有一個商界朋友，很多年前已經計劃退休，打算做兩件以前沒時間做的事：讀書和做義工。朋友帶著商界未熄滅的那團火，全情投入，所有事情繼續以生產力行先。每次聽他說近況，肉緊程度沒減少，尤如打兩份工，忙過以前。難怪，醞釀了這麼長時間，期望定得很高，沒可能放軟手腳。最後他發現讀書和做義工不是易事，尤其是義工，一群心中有火的人在一起，產生的化學作用出人意表，例如辦公室政治兇殘過商界。最近聽到這位朋友沒做義工，讀書由full time變成part time。

中年人有豐富的經驗，尤如屬於自己的自傳，大部分人認為在人生歷程中，已經盡可能作出最正確的決定，對人生無悔。這樣想無可厚非，凡事馬後炮，埋怨自己做得不好，人生變得痛苦。這部自傳非常重要，沒

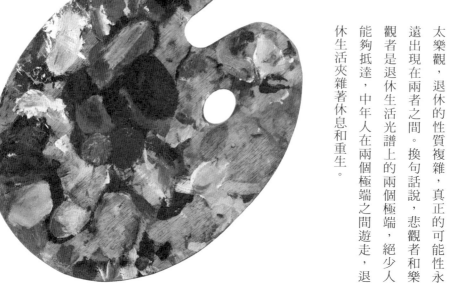

有它，中年人像沒有指南針的船，在大海中飄浮。

我們從自傳中認識自己，只有認識自己，才能認識世界。認識自己的過程我們意識不到，以為是生活一部分，其實是無聲地累積自傳的內容。由這一步走到下一步，靠的是這部自傳引領我們的智慧。

退休被神話化，因為退休之前的一段時間有太多不同的期望，未發生的事牽涉太多可能性。不過這些可能性始終受自己的自傳限制著，因為我們不懂得想像未想像過的東西。我們以為將來是過去的延續，即使所謂天馬行空，也是有根有據的幻想。

二十一世紀退休生活最精彩的地方，是顛覆想像。中年人不時聽到「顛覆」這兩個字，以為是屬於年輕人的，科技不停改變人類的生活，退休生活不例外。將來不是過去的延續，中年人的自傳只寫到一半，發展下去，可能性又多，又預計不到。

3.4 退休最Happy的是……

退休有好有唔好，前文說了不好，這篇說說好。

我是書蟲，特徵之一，是認為看和做同樣重要。有些時候，看多過做，甚至只看不做。這兩年不停從書本中接觸退休，對退休這回事有一定的認識，愈認識愈感到看是一個世界，做起來卻是另一個世界。我也注重跟別人傾偈，從過來人身上取經，好的，不好的，全盤接收，然後自己分析。愈來愈發覺退休是非常個人的事，別人的情況不同，感受沒法參考。

看和傾得出來的知識和經驗，不能搬字過紙，不過仍有可取的價值。沒有太多人想做到離開人世的一天，退休是人生必經階段，既然需要接受，我們從美好的一面想像退休。

重奪生活自主權

退休最happy的，是人生第一次主宰自己的時間。由幼稚園到工作，很大程度上我們的時間表受到別人影響，甚至擺佈。懂事之後好像永遠忙著追求一些東西、一些目標。

退休最happy的，是解放。除了時間，還有其他有形和無形的束縛。做同一件事，退休前和退休後的分別可以很大。朋友住在新界北部，以前駕車上下班，退休後像發現新大陸的告訴我，原來上午十點半開車，半小時可到觀塘，相比以前慳差不多一小時。退休中環人發現香港很大，很多餐廳值得去，中環的所有東西包括餐點其實比較貴。

退休最happy的，是可以選擇say no。有一種處境令我非常不happy，是出席一些不一定要去，但糊裡糊塗去了的場合，例如所謂「界面派對」。由進場一刻開始後悔，不停怪責自己，點解要來？我有很多更重要的事要做，或者甚麼都不做，也勝過身處這個場合。幾十人圍住主人家，我是否有體力和耐性突破人群？退休後自自然然少了這種邀請。「天呀，請你們盡情忘記我吧！」即使收到邀請，想到西裝和恤衫不知放在哪裡，還是拒絕好了。

退休最happy的，是不需要立刻完成想做的事，可以攤長來做，一日不夠，一個月或一年。退休是旅程，是探險，前面漫漫長路，一日行完，豈不掃興？探險即是前面有險，中年人大把時間，將一步除開分為兩步，一來可減少風險，二來可欣賞沿途風景，多好。

退休最happy的，是可以行另一條路。由讀書到工作，都好像要走一條被人認同的路，大家都是這樣行，走另一條路被指責標奇立異，而且出錯的代價是雙重自責。退休後的重要解放，是發現命運真的在自己手上，別人笑我們任性，但任性是一種福氣。退休後海闊天空，有的是時間和空間，行錯了路，可返回原位，或將錯就錯下去，真的當作探險。退休後手上籌碼不是少了，而是多了，因為人生最寶貴的籌碼是時間。

退休這本書、這個課題，太有趣，我會繼續看和傾下去。

3.5 最理想的分段式退休

很多年前出席上司的退休派對，在中式酒樓擺了幾圍，流程頗公式化，由德高望重的老闆致詞，感謝上司多年的貢獻，然後上司致詞，例牌又笑又喊，然後公司送紀念品，不是金牌，是套高爾夫球棍，最後同事帶著醉意唱卡拉OK，好記得《朋友》重複唱了幾次。

退休有既定模式，包括固定的日子、固定的感情宣洩、固定的退休後優閒生活。然而，世界不同了，這模式不再適用，但我們追不上形勢。我寫包單，這種退休派對每日仍有舉行，大伙兒仍在唱《朋友》。

世界最不同的地方，是人類的平均年齡不斷上升，踏入所謂「退休年齡」的打工族從未如此健康，從未對前途仍有這麼大的期望。以前，退休後離人生終點有十多年時間，放下腳步，享受家庭樂和興趣，剛好夠鐘。今日，如果退休年齡不變，退休後離人生終點有三四十年時間，打亂所有部署，我們必須重寫退休的定義。這一代中年人有幸有不幸，有幸是有份重新想像退休的各種可能性，不幸是須接受各種關於退休的題目上，社會未取得共識，期間必定出現混亂。

最明顯的混亂是退休後的財務預算，十五年退休生活和三十五年退休生活的分別，大至不懂得想像，中年人困惑的後果是不敢退休，想也不敢想。這一代中年人有心有力，面對不斷加長的退休年期，第一樣需要變，是關於退休的思維——退休是Process，不是Event。意思是退休是動態及在發展中，而不是單一和固定。

第一樣立即需要變是退休年齡，「今日上班，明日退休」的概念應徹底取消，企業衡量員工的貢獻，應該與年齡脫鉤。這想法在現今社會太激進的話，企業或考慮把退休年齡轉型為「退休年期」，例如定出六十歲至七十歲為退休年期，僱主和僱員在這段期間中協調出具體退休方案。

循序漸進放下工作

近年歐美開始嘗試的模式是「分段退休」

(Phased Retirement)，例如由全職轉為合約，每星期上班三日，逐步降至兩日或一日，最後全面退休。分段的好處是讓員工適應退休的感覺，同時繼續在熟識環境作貢獻，僱主可以按部就班定下承傳計劃，僱傭兩家有利。這模式對員工的另一好處，是可讓員工在有保障的環境，作出新嘗試，例如轉行。企業肯面對現實的話，新一代中年可以退休不止一次。這種思維即使在歐美仍屬前衛，大部分企業在探索中，所有人都知道現在有問題，但在找到最理想的解決方法之前，不敢帶頭作出重大改動。

因此，退休現處於不穩定的狀態，需要變，但未決定怎變。我認為這是難得時機，企業須面對員工老化和青黃不接的現實，員工須為自己的將來作打算，在這種雙方求變的環境，最有可能激發創意。

半世紀前我們發現女性生兒育女之後，仍然可提供高水平的工作生產力，經過幾代人的努力，我們找到不同形式讓女性重投上班族。退休代表這一代人的最大挑戰，既然我們有能力找到長壽的方法，為中年人找到多樣化的退休模式，不會是難事，我信人定勝天。

3.6 開展人生下一章

退休是由人創造出來的概念，作為廣受社會接受的制度，歷史只有一二百年。曾幾何時，我們工作至不能工作的一日；今時今日所謂的退休年齡，受平均壽命和社會風氣影響，而退休的定義更加千變萬化。

很多生活習慣其實是累積的智慧，上一代把經驗以故事形式傳給下一代，下一代因應時代作出調整，然後傳下去。退休的歷史不長，故事欠缺系統，內容不夠豐富，現代人唯有執生，以少量實據，加以自己的演繹，創出自成一格的退休定義。

環顧四周的「退休人士」，這些人跟上一代「退休人士」的分別，大至不能辨認。退休由「退」和「休」組成，退是退出，休是休息，因此退休的定義是關於離開曾經忙碌的人生，增加休息時間，走向休閒。但現代退休人士比上一代年輕、健康、充滿活力，對前景充滿看法，沒有退下來的打算。退休這概念不停

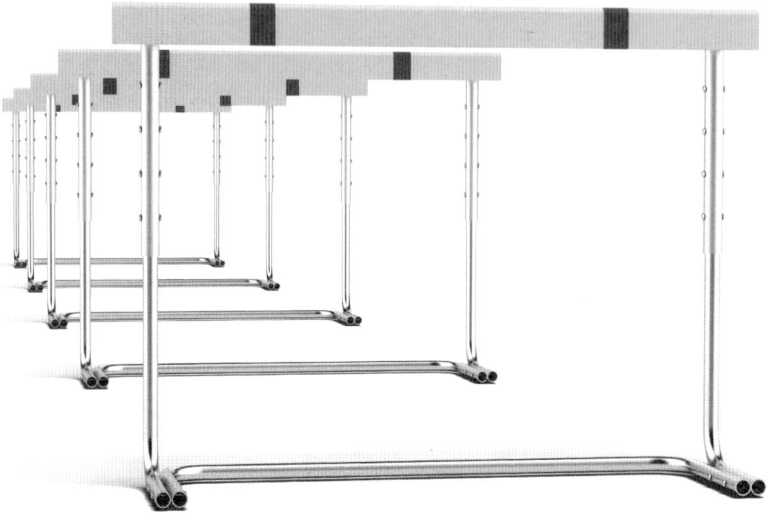

變，變至消滅自己。

跳入另一生活狀態

AARP是美國規模最大的NGO之一，有三千八百萬會員，每年收入逾十億美元，媲美大型企業，屬具影響力的壓力團體。AARP的全名是American Association of Retired Persons，但近年只宣傳名字的四個英文字母，目的是避開Retired這個字。今日登上AARP網站，全無老意，不是教老人健康貼士，而是向中年及以上的美國人，傳達各種生活上的可能性，重點是重新想像我們的工作、健康、財政、人際關係。「Old」字甚少出現，一定出現的話，巧妙的用「Older」，總之退休不代表老去，老去不一定要退休。

現代退休故事是關於離開一種生活狀態，走進另一種生活狀態，例如離開一個三十年的工作崗位，轉做一個包含part-time工作、義務工作、玩樂、休息的崗位。很多退休者覺得自己沒停下來，只是做的事情性質不同，主要分別是較多做自己喜愛做的事。對於這些退休者，退休不是「人生第二章」，更加不是最後一章；即使是第二章，也在於計劃第三、第四章。或者較貼切形容是，退休是「人生下一章」。

現代退休故事徹底把已往的退休定義粉碎，我們的生活不再是「工作」和「不工作」的二元對立，兩者之間存在不同程度的可能性。例如在同一間公司上班，由全職變為每星期上班三天，這是退休抑或不退休？我認識一位中年朋友，退休後打算做義工，但他為人一向認真，嫌自己對義務工作認識不深，計劃重返校園讀書，先打好學術根基，怎樣把這位朋友定位？

退休不再是我們一向認識的退休，或者我們對退休的認識根本不深，唯一個案是參考自己的上一代。唯一可肯定的是，退休是關於改變，然而改變未必牽涉大動作，新生活跟舊生活的分別可能不大。之前說全職變三日的退休者，他的最大改變是心態，雖然在同一地方上班，但不再每天懷著搏殺之心。

沒有天書，沒有前人的智慧，現代退休者以自己一套進入退休生活，是福是禍，由自己決定。

3.7 四十八歲創新事業

在《蘋果動新聞》看到很有意思的訪問，標題十分搶眼：「四十八歲退休——會計師豪花千萬積蓄，投資鐵板燒餐廳」。這個標題有多個吸引之處：一、四十八歲可以退休，令人羨慕；二、會計師雖然收入不俗，但千萬不是小數目；三、餐廳這門生意死亡率超高，行這一步的風險是否過高？

看過內容之後，有些少改觀，但憂慮仍在。這位會計師是佘國權，在Big Four會計師事務所工作二十年，升至合夥人，五年前轉至上市公司做CFO，四十八歲決定退休。這類背景的專業人士，我認識不少。九十年代內地企業崛起，香港專業人士在資本市場起重要作用，帶領內地企業走向國際化，這批人累積寶貴經驗，在專業領域扶搖直上。然而，最近十年情況轉變，內地專業行業追趕上來，內地人有能力兼有人脈，香港專業人士不再吃香。從訪問見，佘國權是實力派，從低入行，食正條水，事業軌跡有紋有路。

我的猜測是，他是擁有充足分析能力的理性人，退休的決定不是一時衝動。

創業當投資退休基金

四十八歲退休是否太早？答案視乎當事人的人生經歷，兩個同是擁有二十五年工作經驗的人，經歷可以完全不同。一個嘗過二十五年起跌苦樂，有些時期一個人做幾個人的工作，四十八歲已感到「夠皮」。另一個每日做重複的工作，所謂二十五年經驗，是同一件事做二十五次，做了一年之後便感「夠皮」，之後二十四年都在捱時間。

余國權在九十年代初入行，那時候Big Four做內地企業IPO做到手軟，入行頭十年，他必定走遍大江南北，由嘆頂級茅台到法國紅酒，見盡商場光怪陸離。最近十年冷眼看著內地人站起來，霸氣的工作方式表露無遺，香港人只能在旁微笑點頭。這樣的工作經驗造就不一樣的價值觀，四十八歲宣布「夠皮」，尋找另一條人生跑道，我認為故事合情合理。

余國權說：「我自己拿住千多萬退休，開一間餐廳，可以實現夢想之餘，亦希望可以賺到生活費，都是投資的一種。」

幾多身家才可以退休，這問題愈來愈難答，人均壽命愈來愈長，公營醫療系統長期處於爆煲邊緣，私營醫療費用貴至嚇破膽，中年人的感覺是永遠無法退休。余國權把積蓄的一大部分買隻識生蛋的雞，聽教聽話的話，可以長生長有。

與其不斷擔心不夠錢，遲遲不敢踏出退休的一步，余國權「買雞生蛋」的策略反而令人耳目一新。大部分退休人士勞碌一生，感到倦意，不會考慮創業，即使創業也是蜻蜓點水，余國權這條瞓身路在退休人士圈子不多見。中年人衰過，性格偏向保守，在決策時刻總會質疑自己的能力，選擇不按掣。

身為會計師，余國權數口一定精，強調瞓身投資不是任性行為，但我始終感到不安。經營餐廳有一種誘人的浪漫，客人食得開心，餐廳賺到錢，一盤環繞著人的原始慾望的生意，每日上班充滿熱鬧，所有人都win。這種誘惑很容易掩蓋過其兇險，例如余國權會發現餐廳老闆跟會計師很不一樣，似藝術家多過理性人，當公司前景維繫在「會行會走」的員工，條數怎算也算不清。

3.8 五十歲後的職場預言十個關於

全世界都在談論職場的未來，因為職場在變，以往熟悉的事物將被淘汰，未來的職場面貌將面目全非。變成甚麼模樣，我們仍在預測中。醫療科技持續突破，我們不單長壽，而且健康地老去，未來職場的重要標記，是五十歲後打工族無處不在。所謂「未來」其實已悄然而至，有些趨勢已經在我們四周醞釀，我為五十歲後打工族的職場，作出十個預言。

一、有人對五十歲後打工族說：「少年，你太年輕了」，說這句話的同事七十五歲。強調是同事，不是得閒返公司睇報紙的老闆。企業陸續取消法定退休年齡，退休與否，只跟能力掛鉤。年齡不決定職位高低，五十歲的職位在三十歲之下，三十歲搵錢多過五十歲，成為常態，難得的是所有人都覺得沒問題。現時五十歲後打工族的包袱，是人工高、資歷高、不接受新事物，因此棄掉包袱是大勢所趨。

二、打工族最重要的資產，不是技術知識，而是Career Management，怎樣規劃悠長的職場生涯。技術知識不停變，手上的「沙紙」、剛學到的程式語言、上年流行的企管潮流，明年統統貶值。打工族面對不停變的環境，唯一招架方法是保持彈性，應變時跟住變，適當時迴避，甚至退一步。職場路更難行，但其他人也覺得難，殺出重圍靠靈活變通。

三、NGO和義工團體愈來愈壯大，因為五十歲後打工族聯群加入，引入全新思維。五十歲後打工族的心態改變，開始領略Give和Take同樣得到快感，付出成為人生使命的重要部分。他們做事講求效率，趁早入伍，熟習環境，做義工變成工餘的重要節目，甚至帶同家人參與，年輕人自小參與，養成助人為樂的好習慣。

四、不再逃避退休後的財務安排，因為眼看情況真的不妙。五十歲後打工族認為上一代是幸福的，不少僱主提供豐厚的退休金，加上上一代人置業門檻低，環境造就儲蓄習慣。這一代的中年人心裡早知道情況不妙，但選擇把頭埋在沙堆中，不肯正視問題。五十歲後打工族的退休靠山，不會是僱主、不會是政府、不會是強積金；財務安排的責任，不可再推卸，只有自己救自己。金融機構將會瞄準五十歲後這個龐大市場，推出大量理財產品和服務。

五、Freelancing不再是年輕人的專美，五十歲樂在「散炒」。由全職工作者變成Freelancer，過程很可能是非自願，五十歲後打工族一時間找不到全職工作，本來打算暫

做職場自由人，逐漸發現Freelancer可提供錢途和前途，以及以前未嘗過的自由。企業縮皮，效率行先，愈來愈不抗拒Freelancer，五十歲後在Freelancer世界找到傳說中的Work-life Balance。未來的職場將會見到五十歲後打工族主動炒老闆魷魚，再做其Freelancer。五十歲後打工族派咭片，疊三疊，因為同時提供不同服務。五十歲後打工族的未來工作模式，是Portfolio的組合形式，跟隨時勢隨時變。

六、傳統職場期望，是一年搵錢多過一年，這些定律將會被顛覆。以往職場生涯像一條直線，隨著時間慢慢向上升，未來職場打破「應該」。打工族「值」幾多錢，跟年資無關，唯一考慮是能否做好這份工作。「老Seafood」將會絕種，打工族將會發現海鮮可老可嫩。

七、以往的人生三部曲是「讀書—工作—退休」，未來職場的特徵是三部曲變五部曲或更多。六十歲重返校園進修，以Fresh Grad身份回到職場，將會令HR頭痛。退休後發現不適應淡靜生活，或成為Freelancer，或毅然創業，將會成為五十歲後的重要趨勢。退幾次休，讀幾次書，重出江湖幾次，都未到七十歲。

八、Gap Year、Sabbatical、充電、中場休息……叫甚麼不重要，職場生涯不再一氣呵成，中間出現夾縫，而HR不再視為問題。五十歲休息兩年，重新投入職場，大有人在，這些行為不再被視為任性，因為五十歲是職場的半場，半場抖下，十分正常。

九、站得住腳的五十歲後打工族不怕科技，拒絕與時並進的一群早被淘汰。「科技」這兩個字在未來的職場消失，因為已經成為生活的一部分，尤如沒有人討論的呼吸。三十年前踏足職場的時候，有一種吃香的行業叫「China Trade」，神秘國度的神秘職業，那時候我覺得這些人有型有款。今日這個行業早被淘汰，融入為日常工作。

十、人去後，留下的Legacy，不是賺過幾多錢，爭贏幾多單刁，而是無形的東西，例如對社會的貢獻，及建立的朋友網絡。社會不需要宏大，身邊人也是社會的部分；貢獻不需要驚天動地，細水可以長流。不同時期結交的朋友，將會在不同時期跟我們一再遇上，這些關係代表職場生涯的寶貴資產。

3.9 百歲人生中的HR

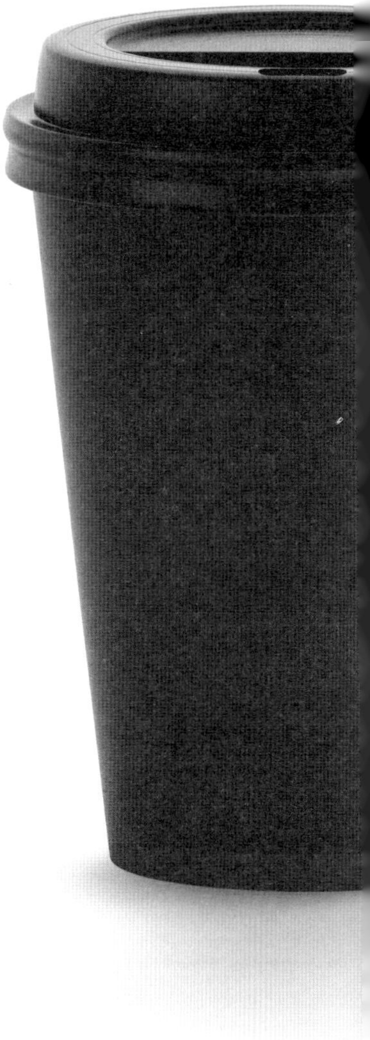

HR是Human Resources，中文譯為人力資源，在企業界已逐漸取代以前稱為人事部的Personnel。

這種演變非常合理，HR的功能超越處理人與人之間的事，把人當作一種資源，需要長時間發掘、維持、發展。找到千里馬不足夠，還須確保千里馬在合適空間中成長，盡情發揮潛能，變成萬里馬。

過去幾十年，HR工作性質的改變不大，但百歲人生的衝擊正在顛覆企業的既定模式，影響最大的部門，可能是HR。

以往一套是從校園發掘人才，栽培年輕人，融入公司文化。當人生規劃是跟從「讀書－工作－退休」，這種發掘人才方法屬正路，但當我們活到一百歲，三部曲隨時變成五部曲或更多，HR須變陣。五十五歲休息兩年，之後重返校園，再進入職場搏殺，這例子你們聽過未？我聽過，例子不止一個。

如果以前HR有一本天書，在百歲人生之中，這本書須重寫，兼且是不斷重寫。退休是最明顯的難題，活到一百歲，我們工作至七十歲，甚至八十歲，跟目前的退休年齡有很大差別。怎樣拉近距離，是令人頭赤的難題。平均壽命愈來愈長，或者根本沒法拉近這距離，HR須重新想像退休這理念，把「退休」二字從天書中改寫。

無休學習的年代

我們進入沒退休的工作環境，事業是關於持續學習，再沒有學滿師這回事。學習不局限於二三十歲，而是分佈於不同年齡層，所有人都須不停學習，六十歲可以開始學習某技能，為企業再貢獻二十年。退休不再被一個數字束縛著，跟不上時代的話，四十歲也要「被退休」。

人才的來源不局限於校園或同行，四周圍都臥虎藏龍。以往企業和員工的關係是家長式，上層的旨意經由HR執行，溝通是單向。羅拔迪尼路做Intern的例子或者誇張一點，但公司出現五十歲新人，不足為奇，家長式溝通模式一定要改變。五十歲新人可能不熟悉公司的具體策略，不過這些人been there，done that，HR的甚麼企業願景可免則免，最有建設性是誠實對話。成年人對話，平起平坐，公司有要求，員工須付出，其他可省卻。

打工族想到職場生涯是遙遙長路，心態自然出現變化，三部曲不再吸引。打工族想進修，更上一層樓；想轉行，試未試過的經驗。這些心態改變在百歲人生中將成為打工族常態，大勢難擋，HR先要接受，然後融入，最終爭取走到最前。轉工、轉行、做下停下，這些以往的禁忌，將成為趨勢，HR須重新設計企業的人才資源策略，重點是彈性。

HR眼前第一座大山，是調整退休年齡。六十歲法定退休年齡肯定過時，我們活在六十歲興趣是跑馬拉松的年代。加進彈性是當前急務，HR怎樣利用六十歲打得做得的員工，將代表實質的競爭優勢。能者居之，應該是不分年齡的，六十歲可以學新事物，七十歲可以領軍出征，HR的工作須加進創意。人才戰爭的戰線拉長，我預計HR在企業的地位將會愈來愈重要，肯定不是後方部門，而是成為CEO的左右手。

3.10 企業未敢面對百歲人生

長壽的族群來勢洶洶，有些人視之為機會，改造人生去迎接，例如開發銀髮族服務的公司；有些人視之為危機，態度被困於抗拒和逃避之間，例如傳統大企業。企管人未意識到長壽帶來的危與機，將會長遠地影響著每一間企業。他們慨嘆，問題太多，精力太少，只能優先處理殺到埋身的問題，長問題交由HR處理。

長壽影響的不止是HR政策，而是企業的根本性改變。企業口口聲聲強調以人為本，當人的生命出現翻天覆地的改變，這問題超越HR的管理範圍，需要企業最高層正視。年長員工最需要外在的改變切合自身情況，問題是即使他們滿肚計劃，若公司內欠缺知音高層，一切只會根據過往慣例。HR第一個疑問是，點解需要為某年齡組別員工著想？是否不公？如果企業繼續逃避，一整代接近「法定退休年齡」的打工族，將會被遺棄。

企業需要正視長壽趨勢，首先清除偏見。企業對年長員工有三個主要偏見：一、太貴。根據傳統，薪金與年資掛鉤，年長員工的薪金水平較高。不過長壽趨勢將會改變很多人的人生規劃，最明顯是走向多重階段式人生。四十五歲離職，休息兩年後，返校園進修兩年，學習全新技能，四十九歲重返職場，企業將會遇到這些個案。明日職場的重要趨勢，是年齡在職場不再有意義，年齡和職級之間再無關係。Junior和Senior不是指年齡，五十歲的Junior跟隨三十二歲的Senior，不應成為話柄，更不應出現歧視。

企業最先要改造職場生涯的所謂慣例。長壽改變打工族的選擇，有些人跟隨過往一套，有些人跟隨適合自己的一套，這兩類人怎樣在未來職場共存，將決定「以人為本」是否空談。

破除對年長員工的成見

二、低效率。長壽趨勢造就百歲人生，最偉大之處是增加的是健康年齡。在我熟識的跑步路上見到，五十歲和六十歲跑者並不是不肯認老，而是真的未老。今時今日在職場用「老」這個字，須非常小心，政治正確反而是小事，更重要是關於對與錯。年齡歧視要不得，原因是錯，年齡跟效率全無關係。

企業不單需要重新審視關於年齡的員工政策，首要清除隱性歧視，效率應該是客觀指標，由事實決定。在高度透明的職場，扮年輕只會招來笑話，優勝劣敗是關於成績，年長員工最想要求明確的遊戲規則。

三、不肯轉型。這偏見錯至不能再錯，年長員工最想轉變，最了解轉型的重要。這些人走過過往的路，知道變的重要，特別考慮到自己在人家眼中的身份。企業內最肯變的一群，是年長員工，特別是經歷過十年前的金融海嘯。我認識一位年長的成功工業家，從低做起，成就卓越。有次他以羞愧的語氣告訴我，他因英文及電腦不好，電郵統統由秘書處理。最近收到他的電郵，興奮地告訴我，終於的起心肝學識。日理萬機的老闆也感到變的必要，其他員工都渴望變，只要企業願意給予機會。

企業明知改革的必要，大部分卻站著不動。肯去實驗，率先從實驗中找到方向，將會代表企業的一項獨有優勢。

3.11 知識型健康生活

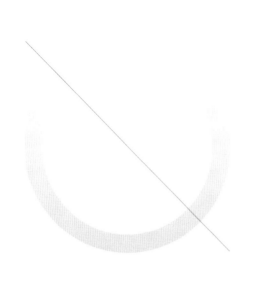

已故財經專家曹仁超十多年前，在專欄指沒有六百萬美元，休想退休，當時在中環掀起熱烈討論。香港的生活指數無疑是非常高的城市，但六球美元才有資格退休，好像過分驚嚇。曹仁超的解釋是，退休人士最大的支出是醫療，而且是在人生最後幾年使用，當人均壽命愈來愈長，同時預計醫療費用不斷上升，假設退休人士不能依賴公營醫療服務，兩公婆六球美元，並不誇張。

今日回想曹Sir條數，道理歷久彌新。醫療服務好像是解不開的謎，大部分先進城市的政府也束手無策，公營醫療系統瀕臨財政爆煲邊緣，私營醫療收費貴到癲，政府永遠無能為力，香港不例外。

我認識一位中環才俊，四十歲左右，是刁界穿花蝴蝶，識盡富豪一及二代。他最近對我說，徹底改變社交策略，將會花長時間在私營醫院的名醫群組中打滾。他語重心長解釋：「自己或家人有起事，想入私家醫院，手機內必定要有幾個具影響力醫生的電話號碼。」他舉出一個剛發生的案例，今時今日香港人想入私家醫院，有錢不夠，還要識啱人。

醫療支出是中年人頭痛的未知數，屬Known Unknown，明知大鑊，但估算不到可以有幾大鑊。這條數無從估計，很多中年人採取消極態度，把退休計劃無限期押後，目的是不想去想。香港醫療情況大幅改善的機會不大，最合理的預測是打定輸數，假設愈來愈不濟，公營系統繼續天怒人怨，私營系統貴到需要向銀行借錢才可出院。然而，在一片灰暗中，我卻看到曙光，這道光來自我們一代的Young Old。

健康是最重要的投資

Young Old對醫療的認識，最初來自上一代的經歷，小部分人享受公務員式的醫療保障，大部分人自己顧自己。可是，上一代的消極態度，遇上今日的醫療現實，落差太大，Young Old不只清楚看到，還要陪同上一代付出代價。Young Old警戒自己：我們不能讓同樣事情發生在日後的自己身上，自己的身體自己救，我們必須以新一套思維迎戰醫療未知數。

Young Old和上一代的醫療信念的最大分別，是關於主動和被動。上一代不知Work-life Balance為何物，日做夜做，根本沒閒情做運動，健康知識的來源是道聽塗說。我初出道的八十年代，型男是陳欣健，形象是大啖飲烈酒，夜夜笙歌，今日想起匪夷所思。Young Old一早決定人生最重要的投資，是投資在自己身上，最明顯的對象是身體。

另一個重要的改變，是跟醫療系統的整體關係。上一代視醫生為權威，這一代Young Old看醫生之前已上了幾日網和打了十幾個電話。企業界流行的術語Empowerment，Young Old發揮得淋漓盡致，自己是導演，醫療系統扮演配合的角色。Young Old從醫生身上希望得到的，不止是專業意見，還需要心理輔導，醫療關係不是一高一低，而是一個平起平坐的伙伴。

Young Old不斷投資在自己身上，調整生活方式，參與運動，認識同道朋友，同時吸收醫療知識，關注以前不關注的資訊，並且公開討論敏感的醫療問題。這些都是正面改變，累積起來製造實質影響，Young Old知道積極態度可救命，由認識健康開始。

3.12 自省 Gap Period

這是一沒有人討論的話題，從來未試過有這麼多有能力、有學歷、有財產、有體力、有心的人，共同準備把這些資產以另一方式貢獻社會，但問題是，社會準備好接受這些人的貢獻嗎？沒有人討論是危險的，因為社會不懂得怎對待這一群五十歲後的人，科學家愈戰愈勇，為延長人類生命不停創出突破，但社會明顯地銜接不上。

五十歲後的身份危機，危在掌握不到問題所在，換句話說，唔知想點。很多人「以為」想退休，其實是需要短暫的休息，加油後再上路。不停衝了三十年，想停下來，是人之常情。在百歲人生的社會，五十歲後的「悠長假期」，除了休息，可用作探索下一段旅程。以一百年規劃人生，下一段旅程動輒長達幾十年時間。

停一停的力量可以很大，讓我介紹一位「停一停」大師，奧地利藉設計師Stefan Sagmeister。Sagmeister是世界知名的設計師，每七年他關閉位於紐約的辦公室一次，全公司放假一年。傳統人生規劃是「讀書—工作—退休」三部曲，由一個階段清脆利落走到另一階段。Sagmeister提出的疑問是，為何人生一定要按著三部曲走？一定要等到傳統退休年齡才可享受退休生活嗎？每七年停一停，多好？

Sagmeister的計算是，如果工作生涯長達四十年，他把退休期當中的五年，分佈在工作生涯期間。這幾年Sagmeister為自己服務，他認為人需要自我反省，而自省需要空間，包括地點和時間。

Sagmeister已放過兩次年假，上一次在峇里島渡過，那年他吸收到的創作靈感，這幾年他的客戶受用。他甚至覺得公司最出色的作品，靈感都是來自放假期間的自省。Sagmeister的Ted Talk〈The Power of Time Off〉是我看過最撼動人心的一條片，你有十八分鐘的話，請不要錯過。

大部分公司負擔不起「逢七放一」，但Sagmeister的思路，很多公司都察覺得到。在資源容許下，採取不同方法，希望達到相近效果。例如Google容許員工把20%工作時間，花在自己喜愛的事情之上，使是明白到空間可幫到員工的整體發展，到頭來幫到公司。又例如世界很多一流餐廳每年只營業幾個月，其餘的時間不是放假，而是騰出空間自省。

不少外國學生選擇放一年假，叫Gap Year，在中學和大學之間，或大學畢業之後，他們多數離開屋企，在外國以不同方式感受世界。外國人的父母大都鼓勵，不少本身是過來人，認為休息，或做一些完全不同的東西，對人生有百利無一害。

五十歲後也需要Gap Year，甚至可能不止一年，是Gap Period，這段時間當然可形容為退休，但退休可能只是一種掩護，其實是容許自己休養生息，準備下一段旅程。如果發現休息休得很過癮，就休息下去吧，停過想過，發現現狀是最理想的話，就不要為變而變，掩護變成結果，也是樂事。

3.13 馬傑偉給我的一課

重要日子很多時來去無聲，在同一崗位工作十年，怎說也算不短時間，但Last Day像平常日子。盡量做到表面正常，應該是我的心底意願，謝絕可能勾起情緒的活動，這一日是另一日，放工後靜靜回家。二零一五年三月三十一日肯定不是尋常一日，這一日代表人生一個階段走進另一個階段。

人是依賴習慣的動物，面臨轉變，其中一種自然反應是逃避，假裝沒事發生，心裡說服自己轉變屬「碎料」，手到拿來。Last Day之後，我不知道將會做甚麼，只知道不想做甚麼——不想創業、不想打工、不想讀書、不想學一種樂器或運動、不想做義工；換句話說，不想做退休人士最常做的事。或者，我害怕「退休」二字，確保自己不覺得進入退休狀態，確保別人不覺得我在過退休生活。喂，我龍精虎猛，怎可能退休？

退休不是好東西，我見過美式足球教練每日

工作十六小時，比賽日在場邊青筋暴現，似隨時心臟病發，做到六七十歲，若無其事，一退休便出事，有些退休後捱不過一年便拜拜。千萬不要停，有得做一定繼續做，無得做也要想辦法做下去，直至沒可能做下去為止。工作是好東西，它的好處被低估，退休卻是步向終點的關鍵一步。我這樣想，身邊的人這樣想，社會這樣想。

只暫休不退休

我努力為這段時間定性，這叫「休息」，休養生息後強勢再出來，更上一層樓。不過休息幾長時間？休息的時候怎自處？我發現自己仍然是四圍走，休息時間不見得多了。朋友提醒我，這種狀態叫「悠長假期」，一幕幕日劇情境湧現，原來《悠長假期》已有二十年歷史，不過橋段歷歷在目。

「悠長假期」頗貼切，人生不是每個時刻都一帆風順，不要勉強、不要急躁，空閒時間當作上天賜予的長假。五十歲後放長假，想到身邊退休朋友聯群坐郵輪，即時打冷震。而且假期終有結束的一日，到時那種空虛可能更令人難受。逃避通常沒好結果，要來的始終會來，五十歲後沒工作又不積極找工作的日子，當然叫退休。

不甘退休、不敢退休，我繼續停留在拒絕接受退休的狀態。你怎麼看，我不管，總之我不是退休。在這段迷惘的時期，我遇到一篇文章，改變一切。文字的魔力很奇妙，同一段文字，其他人領悟到一些東西，我卻看到另一些東西。文章是訪問中大教授馬傑偉，內容是關於大學教學和管理制度，我沒多大興趣，但訪問最後一段，馬傑偉說計劃退休，我像被一列火車撞倒。

馬傑偉的半生精華

那時候，跟馬傑偉不熟，至少未曾單獨見面，印象中的他是熱血兼有趣的學者。「反國教」期間，清楚記得他瞓帳幕支持學生。一個五十五歲的教授，處於事業高峰，在學界和文化界佔重要地位，隨時可以「Hea做十年」，不可能貿然淡出江湖，但我隱約感到他不是說話輕率的一個人，忽然間有太多疑問，我決定找馬傑偉談退休……

「退休最大鑊是一下子發生，不是循序漸進。」

「五十歲後情緒變化可以很大，熱情突然冷卻，以前追求的東西，已經滿足不到自己，或者發現目標已經達到。」

「退休後的失落感，以及無用感，可以好攞命。」

「退休後原來可以較容易發展友情，大家放低ego，不再扮有型，各自追求自己的理想，好像回到孩子最純真的狀態，這感覺很奇妙。」

「完全沒ego又不成，在當打時期必定有某些堅持，但人有不同階段，今日，執著的階段已過去。我不否定以前，年輕時有另一種情懷，但我更享受這兩年的退休生活。」

「我以前不停扮cool，總之君子之交淡如水，保持距離為上；我甚至視人與人的關係為一種負擔，你有你，我有我，最好。今日我珍惜每一次朋友見面，有些東西可一不可再。」

「以前『有為』的感覺很重要，分分鐘我都在意自己在做『有用』的事情，這就是我的存在感。」

「你的生活，就是生活本身，不再有一個業績。」

「給下半生一個機會，在寧靜的環境，懷著知足的心境，學會分享生活。」

「秋天好靚，有紅葉，是休養生息，好好享受生活的時間。」

「關於退休前後的心理情緒變化，坊間沒有一個合適的說法去安頓自己的心理狀態。」

傾下傾下，心裡暗想，今次發達。幾年前馬傑偉一個人走這條路，承受這段時間出現的種種鬱悶，犯了今日回看難以想像的錯誤，從辛苦中領略，慢慢發展出一套安頓情緒的說法。這是教授半生人的生命提煉，跟他談話像私人授課，我像一塊開心海綿。學不到十足，也希望吸收到一半，餘下的由自己去探索。跟馬傑偉的談話，從山上到酒吧，再經過文字，希望延續下去。

3.14 「好，輕省了。」

五十歲後，打算停一停，想一想，腦海被兩個字佔領：矛盾。

一時間感覺解脫，等了這麼多年，終於可全情投入真正所愛，或終於可以另一步速享受人生，同一時間感覺有所失，失去熟悉的生活日程，失去行之有效的處事方法。

所謂決定，不是「一次過」按掣，按完便變了另一環境，而是牽涉多次按掣，過程中出現種種不安，矛盾總有方法把我們弄至不瀟灑。成功走過這段路的人，今日笑著回憶這段不瀟灑的日子。人可以在矛盾之中渾渾噩噩一段日子，醒覺者經歷一些刻骨銘心的事，讓他們知道已經走到河的另一邊，沒法回頭。

我記得馬傑偉的「過河」故事。這位「型佬」教授從容遊走於學術領域和現實社會，名氣響遍大學內外，是明星級老師。累積二十多年經驗，他可以不費力地在大學的天空繼續滑翔，然而他決定退休。可以想像，他走過的矛盾路，不會簡單。馬傑偉宣布退休之後，如常工作，直至接近自己設下的限期。他對負責行政的年輕人說，他已把辦公室的私人物件搬回家，辦公室內所有東西都不要了，請幫忙清理。年輕人答：「哦」。

第二日，馬傑偉返回辦公室，嘩一聲，所有傢俬，無數的書和文件，一件不留，年輕人表現驚人的效率。馬傑偉笑著回憶，當時心想：「唔使咁快啩！」有些嘢不可隨便碰，教了二十幾年書的辦公室，是堡壘，是神聖的象徵，堡壘不見了，新的一頁開始。

安心渡河不回眸

我的「過河」故事比較枯燥，我也要辭職，由於當時身份是上市公司董事，須刊登法律公告，這個嘢更加不能亂碰。這類公告內容大同小異，不記得具體過程，可能是輕輕對公司秘書說一句：「今日出吧！」

以前出公告，在報紙出，明天才收到反應；今日，網絡的反應近乎即時。事前做了準備功夫，把手機變為靜音，假裝正常生活，有空才看短訊內容。朋友的反應都是支持、加油之類，但其中一個短訊卻把我凝固著，短短四個字，在矛盾中讓我安心走到河的另一邊。送出短訊是馬傑偉的同事陳健民，他說：「好，輕省了。」

我從未接觸過「輕省」這兩個字，遑論使用，但在這時候遇上，心裡卻感到一股強烈的溫暖感覺。我隱約知道意思，不過不重要，重點是我認定這兩個字能夠解開心裡的矛盾。我是認真的，次序是先百分百收下這兩個字，然後上網查這兩個字的來源和解釋。有些東西不用理性拆解，一見鍾情不需要原因，就是認定是你。

輕省，可能是馬傑偉第二日見到空無一物辦公室的感覺。他的身份，從來不是源自教授的辦公室。輕省，是我的新狀態，在河的另一邊，所有事情變得簡單。

3.15 曾智華的快樂退休

認識曾智華，分開三個階段，或層次。八九十年代投身社會，被五光十色的香港吸引著，對政商界故事充滿好奇，每星期不會錯過的活動，是收聽電台節目《清談一點鐘》。曾智華每周訪問政經名人，我留意到這是非一般訪問，內容言之有物，訪問者的目標不是擦鞋，被訪者有備而戰。可以想像，那年代政經名人有話不想說，處理曾智華的最佳方法，是婉拒訪問邀請。以聽眾的身份，我認識曾智華。

第二階段是十幾年後加入商業電台任管理層，我以外人身份從天而降，加上原復生的真身曝光，在某些圈子掀起話題。有一日，曾智華約我午飯，我們以前未見過面，不過大家是對面街的同業，禮節式見面非常正常，赴約前我沒當一回事。曾智華坐低便表明來意，他是原復生的讀者，對我有先入為主的好感，因此想給我一點意見。他不是老行尊式訓話，而是跟我分析一個商台的節目人事調動，認為出事機會甚高，提點我要小心行事。港台嚴格來說是商台的競爭對手，他的行動沒利己成分，我對這個人的為人留下印象。以行家的身份，我認識曾智華。

第三階段是離開商台之後，曾智華邀請我擔任一個全新電台節目的主持。我全無主持節目的經驗，但他胸有成竹，還讓我選擇另一位拍檔。這個電台節目做了七年，直至曾智華從港台退休。港台管理層邀請Vivian和我繼續做下去，但我們覺得這是一段屬於我們三個人的關係，人不同，就是不同了，最佳處理方法是畫上句號。每星期風雨不改見面，見了七年，頻密度比最要好的朋友還高，由互相摸索，到每星期切磋，昇華至建立友誼，我從超近距離觀察曾智華的言行。以拍檔的身份，我認識曾智華。

接受自己　定下合理期望

曾智華的退休工程，由計劃至實踐，我不止從旁觀察，簡直覺得自己有份。這工程肯定不是「傻下傻下」，曾智華把累積大半生的經驗作為基礎，為自己設計一條精彩的第二跑道。曾智華說得對，退休這形容詞誤導，他退下來之後，好像從未退休。

人生是一條很長的跑道，間中停下來，或退下來，不等於從此離開，以「轉跑線」來形容比較貼切。轉跑線之前，我清楚見到曾智華踏實地作準備，例如財務安排、學習與家人在另一種環境相處、建立多元性的老友網絡等，這些事情說出來彷彿輕鬆，實際牽涉非凡的功力。武俠片中，不經意「傻下傻下」的人，武功最高強。

曾智華最令我欣賞的武功，是懂得接受自己。退休人士的通病是過分樂觀和過分悲觀，曾智華走過事業和健康的高低起跌，赤裸地認識自己，為自己的將來誠實地解答不容易答的問題。失望的根源，很多時來自期望，曾智華不是百發百中，快樂轉跑線的背後，藏著滿身傷痕，他跟其他人的分別是，懂得定立適合自己的期望。

曾智華在自己的著作《快樂退休》中舉出身邊成功和失敗的例子，中年人接受新身份不是易事，過程不會平坦，行前三步退後兩步屬正常，重點是接受到退後的挫折，敢於爭取向前的一步。

退休，或轉跑線，是一門複雜的學問。如果世上有本天書，它的含意跟曾智華這本書應該有很多相似的地方——先接受自己，才面對世界。已經轉跑線和準備轉跑線的人，都可以從這本書得到有用的東西。讀這本書的時候，彷彿聽到熟悉的聲音，以讀者的身份，我認識曾智華。

3.16

Young Old之星：Bill Gates

關於Young Old的歷史，二零零六年是重要的一年，這年微軟創辦人蓋茨（Bill Gates）宣布兩年後退下火線，不再參與日常業務，僅留大股東身份。

那年蓋茨只有五十歲，他的新事業是全心全意處理以他和太太命名的基金會，他鄭重聲明這決定不是退休，而是「reordering of priorities」。

過去十年，他的繼承人把微軟做到有聲有色，股價節節攀升，基金會在全球醫療和教育領域舉足輕重，選「Young Old之星」，蓋茨是我心中的首選。

曾經我們歌頌multi-tasking，一心幾用，一身數職，樣樣做得好。要數世上哪一個人可以有自信的multi-tasking下去，非蓋茨莫屬，以他的往績，在瞬息萬變的科技界長年保持領先地位，成為全球首富，他能人所不能。一面管理由他創辦的公司，另一面管理由他創辦的基金會，理所當然，沒有人質疑，但蓋茨沒這樣做。蓋茨告訴全世界，他走入人生另一階段，希望以另一種方式參與社會，而這方式只能全神貫注，今日蓋茨基金會是全球捐錢最多的慈善機構。

蓋茨這樣做，是摑了multi-tasking一巴，不過今日不談multi-tasking引起的種種問題，我想談五十歲後選擇行另一條路的可能性。當人類平均壽命是七十歲的時候，五十歲後退休是普遍的社會風氣，那時候身體或力不從心，在職場或被人排斥，退休是正路。但當人類平均年齡是九十，或一百歲的時候，社會風氣逐漸轉變至五十歲後大部分人繼續工作。在Young Old湧現的環境，「工作」的定義不再是單一化朝九晚五。

一心一用　全身投入慈善事業

蓋茨的決定對Young Old意義重大，因為他可以模仿幾百年來富豪的慈善事業模式，在年老時發財立品，同時把財富分配給下一代。但蓋茨沒有這樣做，他宣佈把財產一分不剩的全數捐給名下基金會，一方面認定慈善是他的下一個事業，另一方面認定這是需要佔據他百分百時間和精力的工作。他覺得在醫療和教育方面有很多事情可以做，仍然有機會make a difference，不過條件是他需要瞓身做。決定一件事的成敗，很多時是推動者的心力。

蓋茨為「退休」重新定義，不再在高壓商場上衝衝衝，但不轉為嘆世界，在人生光譜上兩個極端中間，還有很多可能性。蓋茨選擇以他的金錢、經驗、人際網絡等，與政府和國際團體合作，試圖改變世界。他不再是落手落腳的領軍，轉以策略者和推動者的位置參與人生另一階段。對後世的影響，蓋茨基金會可能比改寫科技歷史的微軟還重要，包括我在內的粉絲一面繼續欣賞他的成就，另一面受惠於他培養的新興趣，例如讀書。近年自己從他的讀書心得，獲得不少靈感。

五十歲後希望以另一步伐探索人生，是正常事。走過大段路，得與失，好與壞，多與少，已經建立看法，形成屬於自己的期望。很多人在這階段做一些較有意義的工作，例如幫助其他人，特別是下一代，這種渴望是人之常情。然而，蓋茨只得一個，大部分五十歲後不是富豪，需要考慮金錢的需要。

這方面政府應該帶頭參與，例如提供實際財務優惠或培訓課程，帶動五十歲後作出嘗試。政府參與是重要象徵，隨著時間，商界也會以不同眼光看「退休」這回事。另外，非政府組織已蠢蠢欲動，察覺到Young Old是一個不容忽視的社會新組別。

追尋另一種生活方式，不少五十歲後願意接受較低的金錢回報，以換取全新工作中的意義，未來一段時間，怎樣在成本和回報之中，找到平衡點，將會是政府、商界、非政府組織、Young Old之間的集體互動項目。

3.17 有一種勇氣叫放棄

一對中年夫妻，丈夫日理萬機，爭分奪秒，在職場拼搏；妻子相夫教子，平淡是福。兩人放假去到一個令人難忘的地方，例如高山之巔，一時之間艷陽高照，風吹著身體每一部分，大地在腳下，兩人情緒高漲，妻子說：「不如我們多點一起旅行？」忽然間世界變得很簡單，丈夫當場附和。放完假之後，丈夫辭職，世界有太多更有意義的事可以做。

男方處於事業頂峰，沒有人預料他會急流勇退，說走就走；頓時成為中年人的偶像，太瀟灑，而且這故事發展下去繼續美滿，男人沒吃回頭草，久不久在臉書放環遊世界的幸福照。講得出，貫徹地做得到，完美！

以上的故事並非虛構，男主角是Google的CFO，Patrick Pichette。Patrick和結婚二十五年的太太，登上非洲之巔——位於肯雅的Mount Kilimanjaro。山頂的風光太美麗，Patrick的太太說：「不如我們不要停，繼續探險，去非洲其他地方，還有印度、尼泊爾……不如去南極。」Patrick的答案是所有男士的答案：「一直探險當然是好玩，不過我們始終要回去，現在不是遊玩的時間，在Google仍有太多未做完的事，太多人依賴我。」太太這時問了一個鋒利無比的問題：「幾時才是我們的時間？」

放完假之後，Patrick對山頂對話念念不忘，之後真的辭職，他當時五十二歲。辭職的時候，Patrick在網上交待山頂對話的故事，很多人大受感動，Patrick成為中年人退休之星。我們看別人，最直接方法是計算功利，做這件事他的得失怎計算。Patrick在一間正在改變人類命運的企業，任最高職位之一，以「如日方中」來形容，可能不夠公道，而他竟然離去。這故事繼續美麗，過去兩年，Patrick真的和太太四處旅遊，花大量時間陪家人，不再回望殺戮的職場。

克服名利魔力

Patrick這種故事有不少，只不過他出名，愈高位放棄的東西愈多，特別受人注視。Patrick的故事說漏了一些資料，是他的財富。Patrick年薪約四百萬美元，不過這是細數，他持Google股票當時市值逾二億美元。知道Patrick的財富之後，部分公眾的反應由佩服變為不屑，有些中年人噓聲四起：「如果我好似佢咁有錢，一早退休啦！」

廢話。

如果我們真是如Patrick這般富有，我們肯定不會退休，我肯定。爬得上這樣高位的人，不是普通人，對自己和對別人有要求，精益求精是唯一選擇。名利含有一種魔力，推動我們爭取更多名利。在場邊，我們看到荒謬，錢一世用不完，仍要再搵？在場中，我們覺得在做一件所有人都在做的事，未想過停下來。一切理所當然，場中的球員沒停下來計錢，即使計，也會覺得不夠，這麼多人靠自己，往後幾十年流流長，有得搵一定繼續搵。金錢，變成一種計分的方法，落得場的球員必須遵守體育精神。

Patrick是我的偶像，因為他克服了名利的魔力，而批評他退得太遲的人，在場邊繼續喧嘩，然後第二日上班去。

奧巴馬的後總統時代

五十歲後鹹居居，走進迷失空間，歡迎一位舉世矚目的新會員：奧巴馬。

過去八年，他的工作是出任全世界最有影響力的人，今日他是「前」美國總統。奧巴馬只有五十五歲，隨時有四十年在後面。

做任何四十年「前任」，是非常長的時間，奧巴馬需要找到屬於自己的新位置。

奧巴馬可從歷史中尋找靈感，有四十三位前人的經歷作參考。太遠的例子可能不適用於現代，看看三位近代前總統選擇走的路。

一、卡特

怎可不先提卡特，他的「後總統」生涯精彩至極。他被評為史上最差美國總統之一，被視為弱勢總統，建樹不多，競逐連任時被列根擊敗。「一任」前總統回到喬治亞老家，卡特只有五十六歲，從頭再來。

美國總統這份工的強烈度，七十二行中獨一無二，離開時很容易帶著遺憾。任內太多想做的事情，因為種種原因，包括發現美國總統也不能隨便話事，覺得自己做得不夠好，如果給我多一些時間，或讓時光倒流，便有可能令世界變得更好，太多如果。只做一任，卡特離任時的遺憾多至數不盡。

前總統將會成為一個怎樣的人，有跡可尋，可細看他在任時是怎樣性格的總統。處境變，但性格變極有限，卡特的批評者，集中於他做事優柔寡斷、拖泥帶水，希望令所有人開心，指他像傳道者多於決策者。美國政府層層精英，決策一層層升級上去，去到總統層次，已經去蕪存菁，最後只需決策者拍板，卡特卻喜歡講「耶穌」。卡特希望以他的一套說服他人，而不是以權力壓下去，得失他人。想不到，卸任後，卡特找到最合適自己的位置，他成為一個全球敬仰的外交家兼人道主義者兼慈善家。原來前總統才是卡特的Dream Job，卸任後獲諾貝爾和平獎，表揚他後總統時期的工作。

二、克林頓

克林頓採用另一種模式，以前總統的身份繼續改變世界的使命，並加入搵銀元素。很多人認為，希拉里落敗跟克林頓夫婦近年搵銀太狼有關。不過，要知道，美國總統不是常人，他們凡事可以去得盡，否則在漫長政治旅途中，不可能脫穎而出。克林頓便是一個完美主義者，事事希望做到一百分，這種追求背後牽涉代價。從克林頓的後總統生涯，可看到他的遺憾，近年他名下非牟利機構最積極協助的國家之一，是盧旺達。一九九四年盧旺達種族屠殺是克林頓任內的污點，這記憶一直在他心中。

三、小布殊

然後有小布殊的第三種模式。卡達和克林頓模式基本上是利用前總統的身份，包括知名度和影響力，繼續做他們想做的事，小布殊卻只想做回自己。前總統放不下，終日懷緬過去，心裡鬱悶不忿，小布殊的「遺憾指數」應該很高，今日伊拉克和阿富汗問題，是在他任內爆發，甚至可說是由他而起。但小布殊離開之後的瀟灑，反映他其實暗地裡大叫：他不需要總統的身份。做過，已盡力，夠了，不同階段做不同事情。

當其他人替小布殊不值的時候，他甘心。卸任後，他極少接受訪問，特別避談政治問題，親近他的人說，從他卸任第一日開始便不想談政治。沒循序漸進，夠鐘即起身，做回自己。據聞小布殊近年最積極參與的活動，是打高爾夫球、玩mountain bike、繪畫、跟朋友和家人聚會。

近代美國總統的成就，很多人看不起小布殊，伊拉克被視為是他的畢生遺憾。衡量一個人，第一須看足全場，第二看這個人的全部。笑到最後可能是小布殊，他找到「快樂前任」的秘密，懂得甘心，把精神和時間投資在一些不老的東西，例如人與人之間的關係和個人樂趣。告別一個人生階段，頭也不回向前走，多型。

「不在其位，不謀其政」，講就容易，做就好難，遺憾是一道威力很大的隱形力量。奧巴馬會走哪一條路，很難說，如果希拉里當選，我認為他是另一個小布殊。奧巴馬是有自信兼有紀律的人，可在生活細節中找到自己的真愛。然而，新任總統勢將推倒他過去八年的努力，這種遺憾不是說笑。

04

得失

年紀愈大，
總以為失去愈多，
料不到原來獲得的是看不見的東西。

4.1

如果我是二十五歲

如果我是二十五歲，我會當父母的說話為耳邊風。年輕人看上一代，看到的是一大堆不合理的東西。上一代鼓吹的價值觀是勤奮、忠心、抵得諗，他們總算講得出，做得到，但結果換來長時間困在討厭的工作中，放工像放監。父母在子女面前已經盡量收斂負面情緒，但子女怎會完全感受不到其矛盾心情。

努力工作三十年，便可享受安穩的退休生活，這個社會契約在下一代眼前徹底破碎。上一代力爭上游，在公司階梯逐步上爬，中途才發現前無去路，下面是黑暗深淵。十年前的金融海嘯是分水嶺，五十歲後的仕途集體走下坡，失去工作的打工仔不計其數，保得住份工的代價是屈就現實。上一代之間的談話，常帶著不滿和不忿，三兩句便出現「早知」。父母以同樣價值觀教導子女，欠缺說服力，子女肯聽算是界面。

二十五歲最想告訴上一代，爸媽，感謝你們為我們做的一切，但我們對世界另有願景。我們的願景跟你們僱主的願景不同，公司願景是印在年報封面的金句，由公關公司虛構出來，很動聽，但沒有人理會，講多幾次，聽者忍不住笑。我們不想接受你們口中的「現實」，因為我們有的是夢想，希望以自己方式追求。不要說得遠，我們首先不信你們口中的Work-life Balance，這是多麼虛偽。

五十歲後處處以現實行先，因為碰過太多釘，世界可以很殘酷，但發生在上一代身上的事情，必然發生在下一代身上嗎？不肯定。或者，下一代根本不應該參考上一代的經驗；或者，五十歲後口中的「現實」是謬誤，不應該分開work和life，我們可以熱愛工作，從工作中找到生活意義。

向年輕人學社交

如果回到二十五歲再活一次，我最想學習今日年輕人對工作的熱誠，把工作融入生活，工作和玩可以共存。五十歲後看二十五歲，很多事情彷彿是假設性，因為錯過了便一去不返，但想深一層，情況未必如此。五十歲後其實大把時間，甚至有必要重頭再來一次，或兩三次。上一代可以從下一代學習，並且立刻付諸實行。

太多東西想向年輕人學習，例如活在科技中，又例如勇於接觸新事物，有一件事年輕人確實做得比上一代優勝，而上一代現在及將來非常用得著，是結交朋友。五十歲後最需要朋友，但五十歲一代的朋友網絡似一潭死水，特徵是有出無入，朋友的本質過分單一化，欠缺生氣，而五十歲後的朋友圈愈來愈窄，兼且靜靜地流失，剩下老友。老友太熟絡、太容易接受彼此，年年月月做同一動作，再無新意。

激發新意念的來源，必定是新朋友，特別是背景和興趣跟自己不一樣的朋友。但新人難以打進五十歲後的朋友圈子，舊成員排斥，新成員不稀罕加入，客氣見面一兩次便各行各路。五十歲後瞻前顧後，計這樣計那樣，反觀年輕人建立社交網絡的能力，強至不能想像。原因之一是年輕人不計算，想做便去做，在朋友面前，型得多。人的壽命愈來愈長，需要的朋友數量和種類愈來愈多，既然沒可能回到二十五歲，不如在二十五歲的型男型女身上學習。

尋不回昔日的自己

有沒有想過，如果拍一部關於自己的自傳式電影，哪位演員飾演年少的自己？第一個想到的問題是，那時候的自己是怎樣一個人？回憶總是不可靠，我們傾向以今日的我，推算昨日的我，畢竟是同一個人，變極有個譜。真相是歲月的威力超越想像，我們已經變了另一個人，換句話說，坐時光機回到年少時，觀察當年那個人的性格和行為，我們可能會認不出自己。

這種徹底的改變有科學根據，英國學者根據一個一九五零年在蘇格蘭進行的研究，分析性格隨著時間的轉變。當年一千二百名十四歲學生，由老師從不同方面評估性格。六十三年之後，學者找到一百七十四名當年的學生，他們願意再度參與研究，分別由學生本人和自選的朋友再做性格評估，結果顯示十四歲和七十七歲是完全不同的兩個人。研究結果令一些人感驚訝，原來變起來可以無譜，昔日的自己變成陌生人。

這個研究打破一個大部分人存有的謬誤，以為自己的內在不變，變的是外貌和身材。實情是我們內外都變，而且變得厲害。這個研究結果對年輕人可能是好消息，因為年輕人的通病是自信不足，嫌自己這樣不好，那樣不夠，人生的劇本未寫完，結局可以出人意表。今日的內向者，明日可以是社交穿花蝴蝶。同樣道理，這個啟示對中年人非常有意思，一來無謂浪費時間緬懷過去，以前的自己不再是今日的自己，回到以前其實沒好處，二來中年人須做好準備，迎接面前不斷變的自己。

人生是關於變，包括以為是神聖不可侵犯的價值觀，因此人生是一場應變的遊戲，不幸地，我們應變能力偏低。以婚姻為例，怎看對方、怎看世界，夫妻不停在變，有些人懂得適應，有些人活在昨日，遇到困難，永遠出現同一問題：「你以前不是這樣。」當然不是，現在不是以前。

時間顛覆一切

我們經常聽到「顛覆」這兩個字，例如科技怎顛覆生活、網購顛覆商場、Uber顛覆的士，這些改變大至翻天覆地，幾年後回望，變至沒法辨認。想不到我們每日活在被顛覆中——被時間顛覆。

中年人面對的挑戰特別多，很多是客觀上必定出現，例如自己或家人的身體變化，沒法逃避，不得不頂硬上。又例如事業去到一個轉捩點，過往的技能不再適用，學習新技能談何容易，中年人須作出事業改變。還未計算一些個人獨有的挑戰，唯有欣然接受，然後想辦法應對。

我們以行之有效的方法處事，特別是中年人累積了幾十年經驗，以為做起事來有一套既定的路線，點知變起來無跡可尋。接受變，相信變，對中年人特別重要。今日的我，不再是昔日的我，我們唯有以全新思維面對將來。以前這樣做，不代表未來可繼續這樣做，先設定變是必然的，誠實一點，開懷一點，結果可能更美好。

4.3 十年的美好時光

幾多歲算是中年，幾個貌似中年的朋友可爭拗半天。爭拗重點多半是關於中年的起點和終點，我說五十歲是中年，應該沒有人提出異議。現年五十歲，根據科學家最近預測，平均可活到幾多歲？答案是九十一歲。如果閣下從沒思考過這些數字，我建議是時候開始，當五十歲的人仍有四十一年壽命，很多事情需要重新部署。

九十歲老人遇到神仙，神仙送老人十年壽命，並且可選擇時光倒流，在任何一個人生階段插入，老人會揀甚麼歲數？你和我都不是九十歲，只能靠估，我估是五十歲。走到人生盡頭，可以再活一次，會選擇在中年重生，因為原來中年是人生最美好的時光。

五十歲的你即時發出噓聲，有無搞錯，現在有甚麼好，開始數：和老婆關係轉淡、仔女不聽話（準確一點是沒對話）、事業停滯不前、身體百病叢生……多十年的話，一定揀二十歲，那時候無牽無掛，有氣有力，連續兩晚通頂面不改容，現在通頂一晚，需要休養起碼一個星期。五十歲時揀二十歲，但九十歲試過二十歲和五十歲，走過人生高山低谷，細味過親情和友情，嘗過甜酸苦辣，會揀五十歲。

五十歲認清自己

中年多美好，美好在終於認識自己。認識自己是一個過程，需要時間歷練，很多事情未撞過板，就是不知箇中滋味，聽人講和看書的感受是不同的。成長過程中，最惱人是身份的認同。我是誰？甚麼令我滿足？我最想要其實是甚麼？我抵受到幾大的痛楚？這些問題不停塑造我們的身份，答案從實戰經驗中找到，滿身傷痕無法逃避，身心的印記慢慢建構一個屬於自己的身份。二十歲的時候我們被迷惘的身份困擾，因為身份像液體不

停在動，五十歲的時候身份已經形成，我們終於掌握到自己是怎樣一個人。

有些人早一點，有些人遲一點，五十歲掌握到，似乎是適合年齡。人生這場遊戲不簡單，用五十年去掌握遊戲中的希望和恐懼、愛與恨、天使和魔鬼，我認為頗啱數。陳仔給你殼股冧把，誓神劈願話無得輸，中年的你不會心動，你承認自己不懂，接受有些錢永遠不會輪到你賺。

中年人擁有的，是累積五十年的豐富資源，其中最重要是怎樣運用時間，時間落在不同人手上，有不同結果。有些事情二十歲的時候無從入手，不斷兜冤枉路，中年人花時間做有把握的事，時間忽然好用了。資源還包括耐性和忍痛能力，這兩件武器的作用大至可決定很多事的成敗，而這些武器在中年特別鋒利。捱悶、捱痛、捱面懵，對中年人來說，easy job！

中年特別美好，因為我們已經打好根基，播種階段已過去，步入收成期。我們不浪費時間懷緬過去，因為前面風景將會更精彩，我們帶著追隨半生的武器，興奮向前走。人生牽涉一連串決定，中年人知道最關鍵的轉捩點，原來不是出現在三四十歲，而是在五十歲之後，這個秘密只有九十歲的自己知道。

4.4

讓時間慢下來的方法

以前在辦公室pantry最常聽到的一句話：「咁就一個禮拜」，跟舊同學和舊同事聚會，這句話變成「咁就十年」。年紀愈大，愈感到時間過得特別快，去年聖誕節的事好像是昨天。

我們知道時間的消逝不分老少，五歲的一年和五十歲的一年實質上沒分別，但感覺上卻大有分別。中年人更加想到心寒，一個月、一年、十年，矇矓間飛快閃過。

有些人對時間的感覺，以孩子的成長里程碑作計算。未生孩子前的二人世界，拍拖渡假的甜蜜回憶歷歷在目；生孩子後的頭幾年過得辛苦，所有事從頭學起，重新適應；孩子入學後，時間過得很快，一眨眼間入大學。

這種感覺數學上有得解釋，對於五歲小孩，一年是人生的20%，但對於五十歲中年人，一年只是2%。我們對時間的感覺，或多或少跟已經活過的年月比較。然而這些感覺始終非理性，我們不會時刻在計數，中年人對時間的感覺必定被更強大的心理因素影響。

科學家提出很多理論，最為人接受是關於我們接收資訊的方法。新資訊帶來新刺激，我們需要較長時間處理，包括吸收和回憶，因此所需的時間較長。舉例，有些牽涉意外的人，發生意外之前一刻的回憶，深刻至像慢鏡重播，原因是發生的事從未遇過，須處理太多新資訊。發生意外前的十秒鐘跟平日的十秒鐘理論上沒分別，但前者發生了太多突如其來的新事，製造了不能磨滅的回憶，結果弄懂這件事的速度，慢過這件事發生的真正速度。

根據此理論，中年人凡事養成習慣，不大留意身邊一草一木，屋企就是屋企，公司就是公司，年紀愈大，新鮮事物愈少，沒外在刺激，感覺上時間過得很快；反觀年輕人每日面對好玩的世界，所有事情都陌生，生活是一場又一場刺激的探索，時間相對上好像過得很慢。

用「期待」延長時間

我們對時間的感知，純屬心理影響，如果我們期待一件事，發生前感到度日如年，甚至世界停頓，但發生之後，很快拋諸腦後。第一次戀愛、失戀、入大學、搵工、結婚，期待的感覺像是遙遠，回想的感覺卻近在咫尺。

大學畢業後，至搵到第一份工之前那段時間，我的印象很深刻，可能因為意義特別大，象徵進入人生新階段，真真正正做個獨立成年人。這段時間只有一兩個月，但感覺上過得很慢，咦，點解寄出求職信沒回音？點解面試後沒收到電話？等待的時候，很漫長。今日回想，三十年了。

如果期待和回憶對時間的感覺，分別是這麼大，中年人面對的方法便很簡單：製造期待。中年人想留住時間，不想時間飛快溜走，最佳方法是打破日常習慣，做新鮮事，例如學習新東西，結交新朋友。愈多新事物，愈多新刺激，製造愈多新期望。中年人當然不想重返「時間不夠用」的歲月，但須想辦法把時間留住。

4.5

友情——成長中失去的東西

各種關係之中，排最後是朋友的友誼，相比之下，伴侶、子女、父母、兄弟姊妹的關係行先，因為這些關係較「親」。我們不會兩個月不接觸伴侶或父母，但我們可視兩個月不見的朋友為好朋友。親情的性質是無得揀，兼受結構規限著，而友情有得揀，朋友之間沒規條，自出自入。一個又一個調查顯示，快樂的重要泉源是友情，但友情的處境是多麼脆弱。

友情是成長中經常失去的東西，鄰居Peter曾經是出雙入對的best friend，今日在街上遇到，連「得閒飲茶」也說不出口。Peter仍是Peter，想深一層，我們絕對可以繼續做好朋友，但有些事情變了，噢，是環境。友情美麗之處是它的自願性質，我們選擇做或不做朋友，但美麗背後藏著陰影，可以選擇進入友情，代表可以選擇淡出。入大學、轉工、搬屋、移民……友情轉淡或完全消失，原因太多，不用解釋，也不用惋惜。有人說，友情的最高水位，是婚宴，雙方朋友傾巢而出，開懷暢飲，友情爆棚，這夜之後，友情質素一直向下。

友情的脆弱，是人生的一種無奈，互相沒責任是美麗，但也是脆弱的原因。我們成長中發現對伴侶、對家庭、對工作，愈來愈多責任。我們一方面深明友情的重要，有需要時依賴朋友的肩膀和耳朵，代表著情緒逃生門，但依賴的對立面，是獨立，我們同時知道可隨時離開友情，不管是暫時或永遠。環境一出，誰與爭鋒。

環境將朋友愈推愈遠

社交媒體盛行之後，表面上維繫友情比以前容易。唔……真的嗎？朋友的質素跟以前真的有分別？Facebook的朋友數目，或加入了幾多個Whatsapp group，是指標嗎？沒Facebook和Whatsapp的日子，共同經歷某種難忘經驗的朋友，多年不見，重遇時有說不完的話題，那種興奮其他人沒法明白。如今日日在Facebook見住（但其實沒真正見面），反而沖淡那種值得珍惜的感覺。中年人的朋友之中，大部分是屬於以上這類，曾經有共同經歷，例如舊同學和舊同事，因環境變遷疏遠了，但這些人在我們生命中出現過，我們依舊視他們為朋友，可是我們需要分分鐘like住嗎？

友情另一美麗之處，是它的潛規則。我們對親人的要求可以很多，或苛刻至不合理，但我們不會把同樣要求加諸朋友身上，我們比較客氣，懂得為他人著想，例如易地而處，以自己的處境看到朋友的難處。說到口邊收回，家家有本難唸的經，我們不可提出這種要求。使友情變得脆弱的原因，同時使友情變得柔軟、充滿彈性，經得起衝擊。很小事可挑起親人不和，但對朋友，我們變得寬容，以最正面看待這段關係，反而細水長流。

中年人環顧四周，仍稱得上朋友的人，這些人有共通點，是願意以寬容態度接受對方。一些事，二十歲時要生要死，五十歲時一笑置之。小男孩的best friend每個月在變，十二歲的時候不見三個月，可大可小；五十歲的時候，不見三個月，眨眼過去。中年人經歷彷彿不停的變化，開始掌握這頭叫「環境」的怪獸，知道它不好惹，須學懂相處的方法。我們理解互相的環境，有些朋友或者不應該疏遠，但不得不接受。現實未必是最理想，但最真實。

4.6 愈老愈多朋友

四十歲的人生像一場競賽，所有事都變成零和遊戲，一定要贏。五十歲後，我們開始意識到將來不是無限的，而且離我們不是很遠，或者現在就是將來。我們重新衡量很多事情，例如友情，然後我們發現不停跟人家比較是多麼無意思。

Facebook好抵死，失驚無神出幅幾年前post過的相，甚至自動做本相簿，原來幾年的變化也可以很大。我在想，如果三十年前已經有Facebook，這本相簿必定勾起更澎湃回憶，很多相中人已經失去聯絡，發生了甚麼事？不同時期我們有不同朋友組合，小部分經得起時間衝擊，友情長青；而大部分因為種種原因各走各路。曾經要好的朋友很多年後聚會，回首前塵，大家感嘆，家庭和工作令人累透，愈老愈少朋友。

「愈老愈少朋友」這句話成立嗎？我覺得答案是Yes and No。家庭責任增加，事業進入搏殺期，朋友的量和質向下，這是事實，通常出現在三十歲至五十歲期間。五十歲後，有些人選擇放慢步伐，或轉做不同類型工作，或休息一段時間，這些人發現身邊朋友的質和量從低位回升。最近另一個Young Old跟我數，星期一至星期五，日日有固定節目，日日見不同朋友，忙過以前。

接受自己的限制

四十歲的時候，我們不停在計分，計自己有幾多分，別人有幾多分，發現落後便反省自己，或為自己解釋——這陣子我不夠運。四十歲的人生像一場競賽，所有事都變成零和遊戲，一定要贏。五十歲後，我們開始意識到將來不是無限的，而且離我們不是很遠，或者現在就是將來。我們重新衡量很多事情，例如友情，然後我們發現不停跟人家比較是多麼無意思。

五十歲後學懂的一個重要概念，是接受，接受自己的種種限制，有些地方就是改不到，需要接受後果，接受可以有很多類型的朋友關係，以及接受不同方法可以成就同一件事。願意接受，打開以前打不開的門，人變得通透。

結交朋友不難，難在怎樣在人生起跌中維持友情，五十歲後像執到本武林秘笈，忽然練成一身交朋友的好武功。回顧走入過自己生命的朋友，找到三個維持朋友關係的條件，以及這些條件在五十歲後出現的變化：

一、近

遠近彷彿代表低層次的考慮，距離不應影響高層次的人際關係，但事實相反，遠近起決定作用。「Out of sight, out of mind」是事實，即使我們美化事實。正如遠距離戀愛，有經驗的人了解物理距離不斷侵蝕一段關係的質素，不管雙方怎努力維繫。五十歲後最大本錢是一個字：「閒」。閒包括實質時間，以及心態變得閒。以前不想做或覺得自己沒時間做的事，今日認為不妨一試。五十歲後的一個受歡迎節目是行山，我認識幾個朋友以前只在中環和家住地方活動，今日走遍新界鄉村。在五十歲後眼中，遠近變成主觀的抉擇，有意思的事，遠遠都去。

二、合適的環境

有些人經常見，但永遠不熟絡，例如同一幢大廈上班的朋友，溝通永遠是兩三句寒暄，口說得閒飲茶，但從來沒飲。有些人即使想傾偈，但環境不合適，始終沒機會傾，反而放工後，一個人在酒吧飲酒，很容易跟隔籬的陌生人搭訕，分別是環境。搏殺族每日撲來撲去，即使有機會遇到不少人，也沒法發展和維持朋友關係。而有家室的人呻，放工趕回家陪仔女溫習功課，何來時間飲酒？

五十歲後的新發現是，四處都是合適結交朋友的環境。有些環境是刻意製造，有些環境是無心插柳。我有一位退休朋友，晚晚有飯局，視之為每日最精彩節目。退休前，他飯局數目也不少，但分別是現在跟自己喜歡的朋友見面，不是應酬。另外一個重要分別是，他現在瞓定晏覺，晚晚精神飽滿出戰。

三、人生階段相約

朋友失散，最常見原因之一，是有人生仔，有人不生仔。有仔女的一群自自然然圍在一起，這種疏遠出自實質需要，特別是仔女年紀小的時候，出街食飯如走難，跟無仔女的朋友約會，心感歉意。相反，大家在做同一件事情，並且是一件難事，把朋友關係拉近。

由Young Old到Old，有一段很長時間，我們不斷會遇到同路人，發現原來大家有不少共通點。我們各自走過不同路，以自己方式感受朋友關係來得不易，需要很多條件配合，因此特別懂得欣賞。噢，今晚有個可以識好多人的Cocktail Party，是否出席？Thanks, but no thanks。

4.7

被困堡壘的男人們

寫Young Old這個題目，原意是以自己的經歷，觀察這個全新的人生階段。我以為自己的經歷不算獨特，其他人可從我的文字中找到共鳴，最近一位朋友的短訊把我從自我感覺良好中驚醒。她說男女是有別的，我的文字太過從男性角度出發。

男女的確有別，步入中年自處的方法各有一套，女人的挑戰最先關於外表，一輪掙扎之後，學懂接受，殺傷力有限；而男人像永遠背負著重擔，又辛苦又不瀟灑，因為不能逃離自尊。這種自尊經過二三十年建立累積，深深嵌入男人的思維。

「我是誰？」這問題男女也不時提問，但男人不同之處，是習慣了以工作定義自己，而男人的工作在中年出現變化；女人則比較全面，家庭、工作、婚姻，定義自己的工具較多樣化，變的程度相對亦循序漸進。

我們的上一代視公司為衣食父母，不管是自僱或受僱，雙方存在明確的契約：努力付出之後，公司負擔起員工的家庭。我們這一代人自小受這契約文化薰陶，以為以前行得通的事情，今日可繼續行下去，但中年男人察覺不到，世界變了，長年在同一家公司工作，不再被視為穩定。一浪又一浪的經濟危機，摧毀契約的精神，最資深的員工忽然變成最昂貴的員工。過去二十年，香港中年男人打過數之不盡的仗：生產線北移、上海取代香港、通縮、裁員、減薪、金融海嘯……還未數到機械人。

一個在香港職場打拼二三十年的男人，面對的挑戰，一個比一個嚴峻，近年開始感到吃不消。可能是對手太強，可能是自己不復當年勇，無可否認的是，其他人以不同目光看自己。男人最介懷的是，人家怎看我？

女性朋友的短訊其實不短，說了她丈夫的經歷，以及她對男女有別的分析。她丈夫是典型「職場三高人士」（高學歷、高職位、高收入），不用詳細解釋，也能想像他這幾年的苦況。這些人一直以工作定義自己的身份，相安無事，一出事自然手忙腳亂。

女人把男人從孤立拉出來

陷於危機的男人，採取孤立性自保法，首先，跟朋友斷絕來往，愈熟愈不想見，然後一步一步退回自己的堡壘。堡壘是自己感到安全的地方，當男人感到世界對自己不公，這堡壘之內愈來愈少人。跟別人疏離的後果，是跟外間脫節，走進死胡同，對世事失去興趣。所謂堡壘，其實是一潭死水。

把男人從堡壘救出來，通常是女人，例如女性朋友丈夫的例子。女人對付消沉的處理方法，跟男人不同，因為女人較懂得抒發情緒，為自己建立一道道防線，每條防線由不同武器組成，包括抒發情感、購物、食物，以及最重要的——向別人求助。女人有感情團隊，不同人負責不同崗位，有需要時出場。男人訴說的對象，是情況比自己更壞的三兩個同齡死黨，見面時大家鬥快訴苦。男人的忍痛能力甚高，扮若無其事，痛至旁觀者也感到痛，很多時遇到外來危機，才肯求救。女性朋友能夠救回丈夫，是丈夫在無助關頭，最後容許妻子進入堡壘。

掩飾消沉是男人的弱點，但很難避免，我們這一代人在表面堅強父輩的影響下長大，自小被灌輸「男兒流血不流淚」的思維，自己的事自己救，沒頭緒便先回堡壘。有些問題需要多過一個世代處理，我認為男人的自尊便是例子。我們這一代的男人注定被自尊支配，我反而看好下一代，年輕人看到被困在堡壘的父親，便知道不是解決問題的方法，一定要找另一條路。

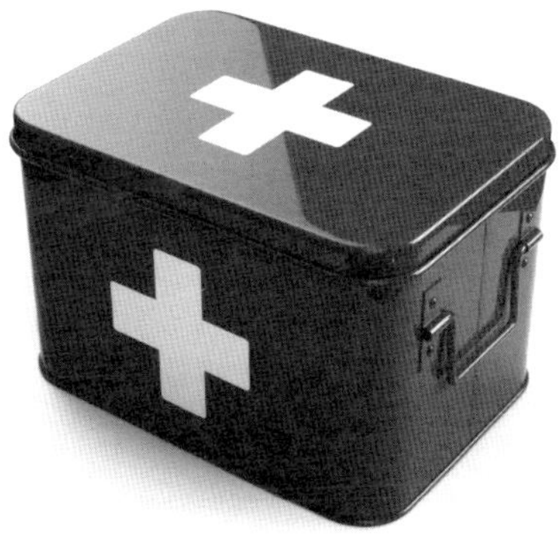

4.8 退休老公症候群

第一次看到「退休老公症候群」這個名詞，以為是說笑，沒可能這樣政治不正確，甚麼病症只發生在一種性別身上？這病症千真萬確，二十多年前日本科學家證實，老公退休之後，超過半數日本女人出現情緒低落、抑鬱、失眠等症狀。直覺上，日本男人特別「大男人」，自尊心超強，退休後一時不能適應，做出不合理行為，導致婚姻問題，因此這病症主要發生在社會地位較低的日本女人身上。然而，過去二十年，這名詞昂然進入男女非常平等的歐美國家，退休男人對女人的身心健康的而且確構成威脅。

「男在外」的概念太深入民心，即使夫妻同時工作，男人視照顧家庭為一己之責。退休之前，男人為退休後生活不停盤算，集中財務安排方面，例如是否夠錢退休，退休後應否大屋搬細屋等。男人很少細想退休後的感情安排，退休後怎樣跟老婆相處，自己怎樣處理失去工作之後的情緒，這些問題的答案永遠是到時先算。女人心思細密，預見問題到來，但預見不代表能夠改變。

男人退休，女人的狀態分開三類：仍在工作、一齊退休、一直是家庭主婦。對於女人來說，第一類情況較容易處理，因為工作是解決很多問題的方法，雖然所謂方法可能是一時間的掩飾。見面時間有限，衝突自然較少，即使出現問題，只要老婆夠鐘上班去，隔了一天冷靜過後，問題未必再是問題。

主婦難頂老公干涉生活

夫妻一同退休，老婆口中不停重複一句話：「我不擔心自己，最擔心老公，他未準備好。」女人有強烈第六感，這種預感或者藏著科學，女人較細心留意身邊事物，包括人的微頭眼額，一早看到問題存在。男人忙，或覺得自己忙，看不見很多應看見的事情，例如二人的情緒發展。男人較重視有形的東西，例如金錢、興趣等，對於無形的感情，態度

是逃避，作出沒根據的假設。另外，男人的通病是高估自己，男人以為憑著過往行走江湖的武功，退休生活手到拿來，誰不知墮入泥沼。不過，對女人來說，一齊退休未算最大鑊，起碼二人一同走，一同探索。

一直是家庭主婦的老婆迎接退休老公，面對翻天覆地的改變，代表最嚴峻的挑戰。從日本女人的經驗，這是一場硬仗，絕不能掉

以輕心，先作最壞打算，屯重兵迎戰。專家的意見是，老婆最需要保護的，是自己的地盤，例如自己的朋友、興趣、消磨時間的方法、屋企內的實質空間等。忽然間，屋企多了一個人，最具破壞力的地方，是破壞老婆一直享受的生活方式。退休是大件事，雙方須作出妥協，但老公忽然對老婆提出的要求，可能又多又無理，老婆須懂得說不。這是夫妻關係的重要關口，兩敗俱傷的例子，處處可見。

回想自己的經驗，絕對不敢認叻，唯一優點是認識人類的行為偏差，一開始便不高估自己。老婆至今好像沒出現情緒問題，起碼過了不影響他人的一關，至於自己，唉，自己的事自己負責。

4.9

給兒子的話

兒子十二歲，即將步入青春期，對很多事情開始有自己的主見，這種改變有些父母會感到難受。不久以前，父母的說話是命令，兒子只需照做，父母的理據是：一、父母真心為子女著想；二、父母行過同一條路，可借鏡經驗。第一點永遠不錯，但第二點值得商榷。

最明顯的分別是平均壽命，在我長大的年代，「人生七十古來稀」這句話仍有人說。專家估計，按照醫學進步的程度，今年十二歲的人很大機會活至一百歲。我們不單活得更長，更重要是增加的年月，大都是健康和精靈的，因此人生規劃需要改寫。父母的經驗未必適用於子女，子女駁咀有理。

對於五十歲的人，長壽的含意是須要為延長老年生活作打算；對於十二歲的人，長壽意味整個人生需要一套跟父母經驗完全不同的規劃方式。經常聽到「50 is the new 40」，或「40 is the new 30」，長壽把人生階段拉長，因此，十二歲的人可以年輕多一段時間。同一個決定，可選擇現在或一年後作出，當然等一年，觀察這一年的變化，愈遲作決定愈好。

不少年輕人大學畢業後，選擇享受gap year，進入社會工作之前盡情遊歷。我當年未試過，現在回想有點後悔，不過不執輸，二十歲沒做的事情，五十歲做返夠本。阿仔，你一生中可以有很多gap year，或眾數years，不管是自願或半自願，是休息或玩，停頓不是問題，因為有排未到結算的時刻。

小心「玩到盡」！

玩吧，盡情玩，玩完再玩，不過有一項關於玩的價值觀，卻要小心，是「去到盡」的風氣。你或者難以接受，但媽媽和我會在不遠處不停提醒（即係「哦」你）。

你退休的時候，僱主將會根據勞工法例作補償，加上強積金戶口結存，即使退休後節衣縮食，這批子彈也捱不長。如果沒有儲蓄，你可能需要工作到八十五歲。我不是嚇你，儲夠十五年退休彈藥，才有資格在八十五歲退休。玩和儲蓄沒有衝突，重點是不要去到盡。

你的人生是如何，我們不知道，但有一點可肯定，你會不停變。行業、工作性質、崗位，變來變去，黃霑(你大概不知道他是誰)看得最通透，寫出「變幻原是永恆」如此歌詞。你需要發展應變的技巧，因為變不是壞事，而是常態。怎樣面對，怎樣擁抱，怎樣從改變中找到意義，將會決定你的未來。在你僅餘肯聽父母說話的時間，我會不停灌輸「變」的現實。我猜不到五十年後人類用甚麼科技，不過肯定變將會成為生活一部分，活到老，變到老。

你需要不同類型的朋友，以你現時的情況來看，這方面不成問題，。在萬變世界，「出外靠朋友」愈來愈重要，不同朋友將會進出你的生命，這些人將會啟發你、引導你、令你笑和哭，除了儲蓄金錢，也要花心機儲蓄朋友，這是一項窮盡一生的投資。

你的人生階段跟我們完全不同，或早或遲，或沒秩序可言，由教育選擇到事業路向，將跟隨你的百歲人生。你比我們遲一點老，長一點年輕時間，選擇在你手上，睇定一點，永遠作好準備「變」。

4.10 不想搬離屋企的Kidult

看過一外國喜劇，三十幾歲的兒子有工作和有女朋友，但拒絕搬離父母的屋企。父母以為兒子長大便獨立，可以享受二人世界，但兒子一直沒有搬離，愈來愈頂唔順，千方百計迫兒子搬出去。從我的觀察，以上情節不單是電影橋段，我身邊不少Young Old的成年孩子在屋企住得非常舒服，沒打算過獨立生活，此現象成為父母之間的熱門話題，Young Old們的語氣帶著苦笑。

我未需要面對這個問題（可能只是時辰未到），認為Young Old應該體諒孩子的處境，因為在百歲人生中，全新出現的人生階段不只是Young Old，還有介乎青少年和成年人的一批正在找尋前路的年輕人。人的壽命愈來愈長，增加的歲數顛覆人生規劃，最明顯的改變是，出現以前沒有的人生階段。Young Old是其一，工作與退休之間可以有另一種生活方式，另一個冒起的群組，是二十歲至三十幾歲的年輕人，這個全新人生階段的特徵，是不斷探索。

身為父母者慨嘆，想當年他們怎樣希望自己盡快進入成年期，而指標是搬離屋企，財政獨立，結婚生仔。然而，今日的孩子好像欠缺這種打算，三十幾歲的行為舉止，仍然似是小孩。這種想法當然有問題，以自己過去的一套，量度下一代，不合適又不合理。Young Old的上一代看到中年人忙過不停，又創業，又跑馬拉松，同樣搖頭嘆息。處理自己心情的最佳方法，是接受世界不同了。

重探索　輕獨立生活

孩子不想搬離屋企，香港人即時聯想到實際原因，例如樓價貴，年輕人負擔不起貴租。年輕人繼續跟父母同住，其實是全球現象，除了成本，應該還有其他原因。假如香港樓價大跌，年輕人會否急忙搬離屋企？我看未必，因為還有其他因素在發功，這問題的根源是關於改變。

年輕人看到過去一套所謂成功之路已經行不通，忠心工作，循規蹈矩，最後未必換來安居樂業。他們從長輩的經驗看到，父母經歷一次又一次經濟危機，付出半斤，未必可得到八兩。年輕人知道不可以跟隨以往模式，但未找到可行的新模式，所以不斷探索。

工作性質本身已經在改變中，朝九晚五，在辦公室工作，不再是唯一模式。全職做一份工，可能不是對自己最有利。年輕人感到改變的現實，不斷探索是找出可行之路的最佳

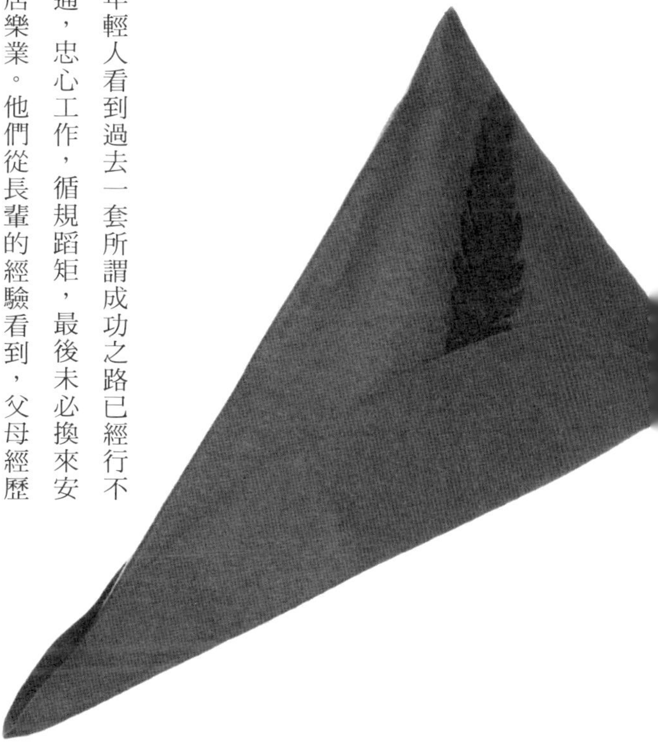

方法。不幸地，在父母眼中，不停變是沒方向的表現，容易導致兩代人不必要的爭執。

年輕人不是在偷懶，剛相反，今時今日的競爭空間強大，他們需要更加勤力。科技加快所有事情的速度，以往可以考慮一天的事情，今日一分鐘便須下決定。年輕人讀完書再讀書，轉了工又轉行，因為他們在快速人生階段中找答案。以前自動的動作，包括搬出去獨立生活，今天未必適合，年輕人今日需要更長和更大的空間。

Young Old其實應該最能理解下一代，他們何嘗不是不斷在探索中，新環境需要新的生活技能，大家都是在跌跌碰碰中前進。關於不搬離屋企的孩子，幾個Young Old互相訴苦，其實語帶甜味。Young Old一方面看不過眼，另一方面卻享受延長的家庭生活，看著孩子探索，為Young Old的家庭製造熱鬧，苦笑背後是福氣。

我是三文治世代

年輕一代在想甚麼，五十歲後的父母不可能繼續以自己一套衡量，父母年輕時也有過跟上一代脫節的時候。「不同」很容易被解釋為「反叛」，我們發現對身旁的人，認識竟是這麼少。五十歲後最重要任務是作為「感情照顧者」，三文治的壓力，是處理上一代和下一代的所思所想。

任職傳媒的朋友擅長人物訪問，對人性有細膩的觸覺，近年她訪問大量長者，有日對我感慨的說，年輕時再精明，一旦老了，思想執著原來是迫不得已，因為身體老化戰勝一切。她續說，人愈活愈通透，但去到一個點，始終要退化，人生的通透程度是一條曲線，隨著年紀增長，到了一個點，便必然下降。

對待老化的父母，為人子女唯有保持 容的心，就像父母當年包容撒嬌的孩子一樣。包容父母尤如包容孩子，同時擁有年邁父母和年幼孩子的世代，夾在中間，上要包容，下要包容，歡迎各位來到「三文治世代」

（Sandwich Generation）。

上要供養下要撫養 三文治世代處境兩難

以前，「三文治世代」指三四十歲的搏殺族，上要供養父母，下要撫養孩子。隨著遲生孩子的風氣，以及醫學昌明，很多五十歲後仍活在夾心中。五十歲後以為踏入享受的階段，但停不了的包容，構成實質的壓力。

我是人辦，踏入五十歲後，兒子讀緊小學，媽媽八十幾歲，需要長期照料。我算特別遲生孩子，同齡朋友的孩子大都完成學業，開始在社會闖蕩。我留意到一個現象，朋友孩子的一代模仿上一代是選擇性的，例如我們這一代畢業後希望儘快過獨立生活，搬離屋企，擁有自己的天地，新一代好像欠缺這種期許，與父母同住得非常happy。新一代選擇性地模仿的地方，是更加遲婚遲生仔。換句話說，五十歲後的下一代樂於繼續依靠父母，這個三文治的餡愈來愈厚。

醫學昌明延長人的壽命，但好像沒法解決老年的根本問題，例如通透能力下降，及須面對一連串老年疾病。子女當然需要包容，稍為把自己代入父母的處境，便感受到老年人的無奈。以前做到的，今日怎做也做不到，接受是唯一的處理方法，但接受過程中出現的難受，其他人難以理解。最常見是父母的性格慢慢轉變，看事方式不同，脾氣變了，父母老化帶動整個家庭的情緒。面對轉變，身為「三文治世代」，我們唯有學習進退（退居多），關鍵在於能否憑著耐心捱過去。

「三文治世代」不停包容，不停照顧他人，誰來照顧「三文治世代」？很多時不止是照顧，還牽涉犧牲：金錢、時間、事業抉擇、興趣、放假旅行、夫婦關係……為「三文治世代」呻，我可輕易多寫兩千字，很多身邊個案可歌可泣，但我想從另一角度看。

作為感情照顧者的壓力

五十歲後仍擔起「照顧者」的身份，是很多人須面對的現實，而且這現實將持續一段長時間，我們須裝備自己迎戰。所謂照顧，其實分開兩部分，第一部分是關於有形的東西，例如怎分配自己的時間和金錢，累積半生的管理技巧派上用場，我們須誠實面對，根據自己的能力分配資源。我相信經過時間和實驗，五十歲後總能夠找到合適的分寸，應付來自上和下的壓迫。沒法逃避，何不把現實融入生活。

第二部分是感情上的照顧，挑戰性大得多。年輕一代在想甚麼，五十歲後的父母不可能繼續以自己一套衡量，父母年輕時也有過跟上一代脫節的時候。「不同」很容易被解釋為「反叛」，我們發現對身旁的人，認識竟是這麼少。五十歲後最重要任務是作為「感情照顧者」，三文治的壓力，是處理上一代和下一代的所思所想。我們不能凡事以過來人角度看下一代，因為世界變了，與時並進不是口號，而是必要的自我反省。上一代的需要我們須加以無限同情心，因為他朝君體也相同，換轉是我們，承受不能逆轉的轉變，我們希望日後別人怎對待自己？

「三文治世代」也有好處——對，沒聽錯。五十歲後與家人的關係普遍不錯，有可能比以前好，照顧等於連繫，適應過程不會是平坦，步伐是行前三步，退後兩步，跌碰中我們發現加深互相了解。原來父母一眼看出我們是否真的開心，原來孩子喜歡父母多一點留在家中，「三文治世代」從未如此與家人緊扣在一起。做人兒女和父母，有些時候的確感到受壓，但心底裡我們不會跟其他人互換位置，因為這些都是我們生命中最重要的人。父母在身邊時日無多，孩子始終會離巢，三文治的壓力同時提醒我們是有福的。

4.12 老得好

每當用上「老」形容自己，朋友立即糾正：「你一點不老」。或者我想多了，但這反應隱藏一個假設，老是有一個模樣，而現在的我與這模樣不（或未）配合。老的模樣是關於失去，失去外在的青春，失去內裡的衝勁。想到老，影像灰暗，以前做到，現在做不到；以前有，現在沒有。或者我真的未算老，但距離老肯定不遠，這時候思考老，是合適的時候。

「老得好」是否矛盾？我認為不是，老必然牽涉的各種改變，不能避免，過程中的個人感受，由自己掌握。這個道理Viktor Frankl二十年前在他的不朽著作*Man's Search For Meaning*解釋得很清楚，選擇怎樣應對環境的自主權，屬於人類最後，及最珍貴的自由，納粹集中營的謀殺犯也不能奪去。我們可以老得好，因為我們可以老而好。

老得好分開兩個層面：客觀和主觀。這一代人活得健康，較少被疾病纏繞，平均壽命不斷增加，這些都是客觀事實。在電視劇中看到六十年代的辦公室情節，男男女女不停煲煙，彷彿是另一個星球，但原來是屬於上一代人的日常生活。一代人的健康觀念可以變得這麼厲害，加上科技發達，我們對於將來只會愈來愈感樂觀。客觀的老得好，所有人看得見，「登六」後每年全球跑六個馬拉松，樂此不疲，這種人我身邊不只一個。社會今日最擔心，反而是我們老得太好，為年輕人加重了負擔。

主觀的老得好，卻毫不簡單，因為我們對老得好的想像力澎湃奔騰。很多人認為老得好等於不老，老了之後外貌不老、體力不老、心境不老，便算老得好。排山倒海的護膚品以皮膚不老作賣點，創意不盡的健康產品標榜維持活力不衰，還未說到偉哥……老得好變成抵抗老化的工程，愈少改變，等於愈成功。

與「老去」好好相處

當然，這一切都是徒然，沒有人可以找到長生不老的方法。既然老去是事實，抵抗是多麼荒謬，我們要做的事，反而是找到與老去相處的方法。這個相處方法完全主觀，因人而異，不需模仿，也沒法模仿。

主觀的老得好，是怎樣在改變的事實中，走出一條屬於自己的路。有些事要接受不想再做，夠了，也毋須跟外界解釋；有些事可以拼一下，幻想返老還童。這一切都可以隨意，不過條件是我們心裡懂得跟一個老去的自己相處。簡單說，知足。

主觀的老得好，是一個知足的人，沒抵抗老去的事實，在誠實的空間中，順著自己的想法繼續生活。老得好的人充滿自信，但知進退。老得好的人的關係網絡四通八達，唯一入場條件，是彼此關心扶持。老得好的人有

另一種忙，未必擁有以前工作的生產力，但這種忙可以有意思——對自己認為重要的人和事有意思。

年輕人想到老感怕怕，喂，嘅仔，唔好咁寸，如果中年人被迫坐時光機回到年輕，再一次面對年輕時的恐怖事，會一樣想死！

4.13 老的想像

老的感覺是怎樣？不是指中年，而是八九十歲的老？這種想像跟別的想像不同，例如男人可想像女人心事，但很難真正「易地而處」，而我們確實終有一天老去。老的想像有一種特別的真實感，因為始終會「開估」。

想像老毫不簡單，因為我們善於「搬龍門」，我們心中老的定義不停地變。我看過一個美國人對年老觀念的調查，三十歲以下認為老的定義是六十歲，五十歲認為是七十歲，六十五歲認為是七十五歲。明顯地，愈老愈不認老，同一個調查顯示，一半被訪者覺得自己比真實年齡年輕至少十歲。

憑空的想像無邊際，想像必須有根據，除了親人，我們有跟別的老人接觸嗎？即使是親人，很大可能是過時過節見面，除了客氣說話，沒交流可言，我們普遍對老的認識不深。想像老年，我們依賴一些既定的形象，認定老人分開三類：第一類是脾氣暴躁，凡事看不過眼，尤其看不起年輕人，認為一代不如一代，終日想當年，唉聲嘆氣。這類老人有一個世界大同版本，英文形容是Grumpy Old Man。第二類是慈祥老人，這類老人不再執著，心平氣和，看得開。最後一類是好玩的老頑童，由內至外不認老。在大部分人心目中，老人，必定屬於其中一類。這種歸類方法當然有問題，但我們欠缺其他分析基準，因為我們根本不了解老人。我這代人的情況好一點，五十歲後代表距離老近一點，但是仍然從外面望進去。

減輕對老年的完美設想

我對老的想像如下，首先，老的過程人人不同，換句話說，沒有兩個人老去的感受相同。我認為個人感受遠比環境影響重要，兩個同齡老人背景相若，經歷相同時代的衝擊，各自走出不一樣的路。

我們對老人有一個假設，是隨著年齡增加，智慧同時增加。「人老精，鬼老靈」，這句話聽上去頗有道理，因為「經一事，長一智」，老人經過這麼多事，必定累積大量智慧。出現這個假設，可能源自我們對老人普遍不夠關心，後輩沒花心機了解和關懷，便假設老人懂得照顧自己——老人家自有方法處理。真的嗎？

欠缺關懷的另一副產品，是假設故事的結局永遠美滿。老人走過一條漫長路，應該兒孫滿堂、安享晚年，因此，老人的心境應該是知足的。假設老人有個不錯的結局，足令其他人的心好過一點，但跟真實可能大有出入。

一些關於老年的假設肯定有問題，我認為對老年的想像，需要比較實在。相對很多人的想像，老人沒有那麼暴躁、沒有那麼精靈、沒有那麼知足，老人同樣是人，有七情六慾，有陋習和盲點，每種行為自有因由。我最願意相信的版本，是我們由始至終是同一個人，只是年齡增長，即是說，想像老年的最佳起點，是細看鏡中的人。

4.14 Bucket List的誤區

近年中產朋友之間流行Bucket List這名詞，它來自十年前由積尼高遜和摩根費曼主演的電影*Kick the Bucket*，又解作「死掉」，而Bucket List的意思是死之前希望做到的事。人生中有很多未完的事，太遠、太貴、太忙，藉口總是源源不絕。我們被繁忙的生活淹沒，寫下清單作為提醒，製造責任感，提升夢想成真的機會，但當Bucket List成為流行詞彙的時候，問題開始出現。

清單含有先天的缺陷，就是拿著清單的人，埋頭苦幹希望做到清單上的項目，又可稱為Box-ticking，而忽略其他更重要的東西。舉例，出外旅遊，我們今日計劃去三個景點，我們專注tick這三個box，而沒留意路邊不起眼的美好景色。清單把注意力集中在完成某些事，而不是隨心享受過程。二十一世紀旅遊是關於「我到過，有相為證」。

我強調Bucket List是中產的玩意，因為Bucket List的清單大都是奇異旅程，去遙遠地方，做過癮事情，愈exotic愈值得登上清單。作為個人心裡的夢想，本來沒問題，但當人人興高采烈談論的時候，則有機會製造暗湧。人喜歡比較，明知不應做，但就是會做。你的Bucket List是看加拿大尼加拉瓜瀑布，但發現朋友的Bucket List是看非洲贊比亞維多尼亞瀑布，立即感到膚淺。

清單的另一個問題，是登上清單之後，我們立即感到有責任達標。死之前希望做到的事，應該是遙遠的，本來意思是做不到也沒所謂，但遙遠的夢想成為清單上的box，心態立即改變。Bucket List變成To Do List，一定要做到，愈早做到愈好。

Bucket List流行之後，或者我們誤解了甚麼是夢想。夢想可以變，今日的Bucket List跟明年的Bucket List，可以完全不同，因為明年的我不是今日的我。夢想未必能達到，更重要的是，達不到完全沒問題。有些夢想屬天馬行空，想下已經開心，又或者步向夢想的過程代表戲玉所在，不用介懷能否步至終點。

和愛人做平凡事

訪問走過人生一半的中年人，甚麼令他們最快樂，我知道答案。不管是甚麼國籍，甚麼年紀，甚麼背景，答案都是一個。我知道，因為很多機構進行過類似調查，得出同一答案。決定中年人快樂的因素，是跟誰人渡過時光，做甚麼反而次要。

這答案非常合理，以前我們被工作定義人生，所謂人生是關於工作的人和事。我是怎樣一個人，最能代表的東西，是咭片。走過人生一半路，定義中年人不再單純是工作。或者工作仍然是生活一部分，甚至重要部分，但工作以外還有精彩人生，而精彩人生的關鍵，是跟誰人渡過珍貴的時光。去邊，不重要，跟邊個去，是整件事的精要。

死之前問生者的遺憾，從來沒有人說未見過瀑布，最普遍的答案，是沒多花時間跟家人和朋友在一起。信不信由你，和喜愛的人做平凡事，勝過Bucket List的奇異旅程。

4.15 孤兒啟示錄

《金融時報》（*Financial Times*）企管版專欄作者Lucy Kellaway文筆活潑，一針見血，擁有大量粉絲，我是其中一員。最近她離開服務三十年的新聞工作崗位，成立培訓中年人投身教師行列的NGO。Lucy現年五十七歲，覺得是時候改變，轉做一份心裡一直渴望的工作。教師的工作出名薪金低、壓力大、掌聲少、成就感跟投入度不成正比，但照樣吸引不少中年人申請參與。

Lucy透露她從申請人的背景希望找到一些蛛絲馬跡，是甚麼類型的中年人有興趣放棄本身事業，從頭開始一份事先知悉吃力不討好的工作？有些故事在意料之內，在同一崗位二三十年，不管做得如何出色，總有點悶，中年人充滿著破繭而出的慾望；不過，Lucy發現另一股想不到的推動力，是死亡。足以令中年人毅然走出Comfort Zone，跳進所有人喝止不宜進入的課室，是經歷身邊人離世。

兩類人離世對中年人的衝擊大至無從估計，第一類是同齡人。出席中學同學聚餐，發現某同學無聲走了，那種感覺可以非常震撼。同學聚會是不用掩飾年齡的場合，發生在同學身上的事情，同樣有可能發生在自己身上。而熟朋友一步步走向死亡，從近距離看，那種痛更令人難受。「他朝君體也相同」的「他朝」，可以是隨時；想做未做的事，中年人不想再等。

第二類是父母離世，這衝擊更大，發生在中年人之間的機會率遠高於其他年齡層。Lucy從申請人的資料發現，最具創傷力是父母之中，剩下的一位離去。換句話說，第一位離去之後，我們把注意力放在剩下的一位，但當另一位也離去，中年人發現自己成為孤兒。

失去子女的身份

中年人失去父母，隨之失去的，是子女的身份。這身份我們大半生人掛在身上，變成我們的一部分，突然被褫奪，那種空虛難以填補。我們習慣了照顧父母，有些時間感吃力，視為負擔，但當責任一下子消失，卻不感到輕鬆。父母彷彿是中年人與死亡之間的緩衝區，一日父母健在，我們感到離開死亡還遠。中年孤兒感到赤裸的死亡感覺，下一個輪到自己。

曾經歷父母離世的朋友，必定勸告當事人者不要太快作出任何決定，情緒波動期間作出的決定多數魯莽，待心情平復後才作打算。那些希望投身教師的中年人，需要完成冷靜期，思前想後仍然決定向虎山行。死亡無一例外地喚醒所有人：你在做真正想做的事情嗎？如果不是，等甚麼？

我們都聽過這故事，版本或不同，寓意一樣，臨死的人的遺憾，永遠不是做不成生意，或住不到大屋，在那時候這些不重要，遺憾永遠是沒多花時間陪伴心愛的人。企管教練這招萬試萬靈，引導學員想像自己的悼文。橋不怕老套，因為死亡驅使我們重新考慮人生意義，特別是忽然發現自己時日無多的中年人。

五十歲後成為孤兒，可以是一種解放的感覺，責任可以是有形或無形，忽然消失，中年人重新審視自己的人生。子女永遠在意自己在父母心中的形象，當父母不在，由誰來評價自己？沒有人需要討好，一時間難以習慣。沒有人真心真意提點自己，走餘下人生路，中年人不怕豁出去。父母離世，是時候探索一些以前不敢碰的風險。

醫療奇蹟創造百歲人生，五十歲後的上一代已經嘗到成果，五十歲後這一代將會更長壽，由傷痛到覺醒到解放，五十歲後孤兒須領略的啟示，不應是時日無多，而是來日方長。

4.16 生命算術

二十歲的時候，死亡距離很遠，是屬於其他人需要考慮的事。三十歲是關於一個字：忙，忙於工作、結交朋友、玩，很多應做的事也沒做，沒時間想死亡這回事。四十歲遠聽到死亡的腳步，開始感到少許真實感。五十歲沒法逃避，死亡的氣場，在我們腦袋中搗亂，特別是關於時間的觀念。

五十歲後我們變成人肉計算機，不停計數，又加又減，距離平均壽命尚有多少年，剩下這些時間應做甚麼。計走過的時間，計剩下的時間。我們開始在意由現在到死亡的一段路，夠時間嗎？

「死亡算術」影響中年人怎看自己，因為我們都經歷過一個驚嚇時刻：一覺瞓醒發現所有事不對勁，忽然間，前路變得清晰，可看到面前幾公里的事物，而我們見到不想見到的「將來」。我們見到走下坡的自己，樣貌和氣息不同了，莫非人老了有個模樣？夠鐘，醒吧，我們不會有機會為曼聯出場，我們不會有機會成為億萬富翁。

「死亡算術」是殘酷的，曾經，我們被稱為「前途無可限量」，但屈指一算，前途就是現在；曾經，時間在我們那一邊，所有事情都有可能，五十歲後，條數變得好亂，困惑中，有人搭我們膊頭，不要想太多，活在當下。不是吧，當下？說好的前途呢？

「死亡算術」像一齣突然間完結的電影，應該未完，太多劇情沒交代，但確實劇終，觀眾心中戚戚然，即使不是大團圓結局，也不應該爛尾。五十歲後還以為齣劇有排做，這是人世間的一個大誤會。

算不清的壽命

傳媒不時報道醫學突破，人類愈來愈長壽，我們心中喝采，人類壽命是我們的「主隊」，八十五、九十、九十五，好波！五十歲後朋友聚會，少了講是非，萬萬不能談政治，全體興高采烈分享健康資訊。上星期，我呻每天食好多粒保健藥丸，被朋友取笑，人家仲多，我的反應是寫低人有食我無食的藥丸名字，立即上網搜尋相關資訊。

每次看到關於平均壽命的調查結果，除了暗中歡呼，立即計數，不煙不酒，加三年；有運動，加三年；注重健康，加三年，加下加下，告訴自己或有九十五歲命。換句話說，人生只走了一半多一點。慢著，我喜歡飲酒，每星期飲幾多杯才算「飲酒」，又有另一條數有計。

五十歲後的「死亡算術」遇到的最大衝擊，是同齡人過身。不會吧，早排見到仍龍精虎猛，咁化學，一定另有內情，例如這個人的生活不檢點，或者這個人時運奇低。或者，平均的意思不是指每個人，有些人高，有些人低，我一定是屬於高。

五十歲後，孩子成長的速度彷彿特別急速，條數亂哂籠。小男孩不小，眨下眼中學，眨下眼大學，他二十歲，我六十歲。六十？但我爸爸走的時候六十一……

4.17 擁抱限制

台上講者咬牙切齒說：「只要有夢想，一定可實現！」我拼命控制著自己不爆笑出來。「有志者事竟成」這句大話，講了幾十年仍有人相信，包括不斷被騙的中年人，這是可悲的。

中年人應該知道有些東西不錯是殘酷，但真實，例如世上有「限制」這回事。

有些事二十歲做到，五十歲做不到，不管怎樣用力。身體上的限制看得見，有些限制看不見，但同樣難克服，例如心境變遷。同一個人看同一件事，三十年的分別可以很大，例如由沉迷變成逃避。最常見的限制是，中年人不想再強迫自己活在追趕人生中，寧可放慢腳步，生活得輕鬆一點，從微小事情中找到樂趣，尋回最自己的自己。中年人不懂知足地與限制共處，將會活得好辛苦。

還好，我們有強項，有些強項沒隨時間退化，跟隨中年人繼續闖蕩江湖。我應該算是幸運，年輕時迷上金融財經，很早累積這方面的知識，剛巧某個時期的社會特別重視這類知識，並且給予遠高於平常的金錢價值。在八十和九十年代的香港打拼，代表另一種幸運，在那時代，與同代人一往向前衝，不知限制為何物。

在父親的一代，有錢人一定是老闆，必定擁有生意和物業。在他的年代，「工字不出頭」是鐵一般的定律。而在我出道的八十年代，一個全新階層開始出現，這些人沒創業，沒擁有大量實質資產，但仍然有機會取得豐厚金錢回報，並且得到社會重視。這些人是投資銀行家、基金經理、專業企管人，他們提供另一種價值，並且有價有市。忽然間，工字可以出頭。父親見不到我事業旅程的大部分，如果今日有機會向他解釋，他必定聽得一頭霧水。

無懼說句 No，we can't

再勤力一點，在關鍵時刻把握好

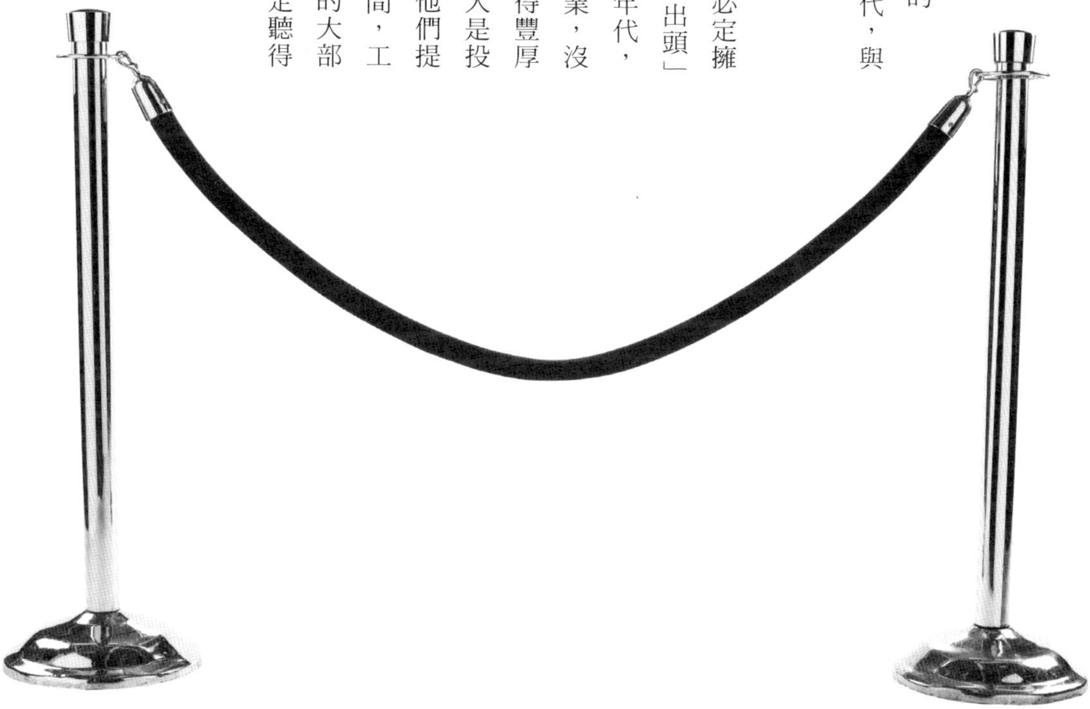

一點，不做這樣，轉做那樣，從倒後鏡看，成就或可以更高。但我知道，我遇上限制，超越這些限制的代價，是外表遍體鱗傷，以及看不見的內傷。今日回想，幸好我懂得在適當時間向限制敬禮：「你好嘢！」

上天派副牌給我們，或者我們可以打得好一點，例如那份工不應轉，那個人不應認識，但走過半生，領略到不可能要求換另一副新牌。中年不妄想全職炒樓炒股，不敢鬪身搏盡，解答人生的難題，答案比想像中複雜，這副牌是屬於我們的。

現實非童話，我們須誠實面對限制，去到人生某點，限制非但不令人沮喪，簡直是解放。副牌中從沒有「早知」和「如果」這兩隻牌，想深一層，這兩隻牌可能製造麻煩多過快樂。解放的感覺真過癮，終於我大力擁抱限制一下，惡鬥半生，終於可開懷跟限制這傢伙隊杯啤酒。

解放後，看到人無我有的東西，原來好好用，人有我無的東西，原來唔啱我用。專注手上副牌，看到以前看不到的東西，有些地方或可做好一點，但大部分地方不必強迫自己。限制有好的一面，提醒我們甚麼是重要，甚麼不重要，中年人不應恐懼的一句話，是No，we can't。

4.18 人生Reset不嫌晚

有個朋友每朝傳來一句勵志說話，當作醒神一天的開始，不過我很少細想內容，因為都是關於命運在我手之類的金句，但最近一句卻令我念念不忘：「人生中最重要的決定出現在二十五歲至四十五歲之間。」

這句話想完又想，因為我超過四十五歲，即是說，作出人生最重要決定的時段已經過去，如果決定不正確，未來日子將會承受結果。這句話可能沒錯，很多重要決定，在懂事至成熟的黃金二十年之間出現，例如結婚，大部分人在這段時間遇上人生伴侶；又例如工作，打工抑或創業，四十五歲之前應該已有定案。另外，我們的理財習慣經過這二十年，已經形成一個模樣。

我們一生不停承受自己作出的決定帶來的後果，好的，不好的，皆須挺起胸膛迎接。然而，中年人的處境有點不同，因為很多重要的決定已經作出，時光沒法倒流，以前的決定影響著以後的人生路，而且是深遠的影響。選了怎樣的伴侶，這些年相處的關係如何？遇上幾次金融風暴，我們在低位入貨或出貨，或一直在場邊觀望？

身邊總有些朋友好像是長勝將軍，作出的決定全部明智，這些超人不用將這篇文章看下去。但環顧身邊，及看看自己，回望黃金二十年，太多「如果」、「早知」……有些決定影響著現在每日生活；即使付上高昂代價，也恨不得重頭再來。

相信未來會更好

遺憾是當初有些決定明顯是錯，也沒法重頭再來，唯一可做，是超老套的三個字：「向前看」。沒錯，唯一可做是向前看，不過向前看分很多種，大部分環繞著無奈，有一種牽涉果斷的按掣——Reset掣。

五十歲的Reset掣只有一個功能，洗牌再打過，忘記過去的錯誤，把中年人的心態從過去的受害者轉變為將來的揸Fit人。五十歲不一定局限於想當年，過去的錯誤決定，總有方法處理，處理的時機是今日。按掣前所有事情似非常混亂，再次失敗好像是定局，但不能心軟和手軟，按下去。按Reset掣需要誠實、勇氣和一種信念：願意相信自己將來可以做得更好。

當然不是盲目按掣，按掣前需要做很多功夫，把自己變為一張五十歲的白紙，重新思考，接受世界不同，而且將會更加不同，從不同角度，考慮今日的我們在新世界怎樣自處。換句話說，我們說服自己，面前的機會，相等於二十五歲至四十五歲再來一次。

五十歲帶著不一樣的智慧，對成功和失敗，有不同的見解，Reset掣不應看得過分沉重；一定要按的話，早按好過遲按，還有，不要閉門做車，拉身邊的朋友落水。五十歲的決策團隊優勝的地方，是見過世面，幾大鑊的問題，在幾個五十歲後的履歷當中，總有人試過見過。大敵當前，我們以為是世界末日，聽到朋友說：「我試過啦，死唔到人㗎！」心頭湧上溫暖。

二十五歲至四十五歲作的決定的確很重要，不過五十歲作的決定也很重要，因為影響著我們的未來五十年。

4.19

五十歲後的將來是過去

五十歲後，部分人（例如我）選擇「轉波」，以另一種步伐接觸世界，常見的現象，是回到以前。走了很多路，我們念念不忘，尋找根源性的東西。一個很難回答的問題出現：既然這些東西是重要，為何等到五十歲後才尋找，之前幾十年有甚麼障礙？太尖銳，唔識答。

例子是某人五十五歲告別打滾幾十年的商場，投身教育工作，原來教育才是他的真愛。既然是真愛，為甚麼不是二十五歲便擁抱？答案是，前半生，我們很懂得說服自己。我們不斷向自己說故事，這些故事容易消化，巧妙地避開人生中的種種後悔。二十五歲時我們受自己以外的因素影響，例如長輩的個人經驗、社會的期望等，真愛的面目變得模糊。不早點投身教育，是因為商界提供較「實際」的事業機會，而年輕人應該面對現實。

我們很懂得說服自己，故事彷彿合情合理，真愛變成可以等待的「興趣」。五十歲後，我們不想再等，甚至不怕對自己坦白：誠實一點吧，所謂實際沒帶來特別的喜悅。因為我們看到將來，五十五歲看到的將來，跟二十五歲看到的，很不一樣，我們隱約聽到倒數的聲音。

五十歲後不想再等，不想再被牽強的故事說服自己，忽然間想做便去做，這感覺新鮮至有點刺激。尋根是五十歲後的指定動作，我們重新建立興趣、友誼，為很多人生價值觀作出全新定義，例如甚麼是好玩，甚麼算是成功，誰人算是好朋友。

很多朋友宣布退休後，我約他們見面，約會自自然然移師山上，行山成為他們的「新」興趣。我留意到其中一個朋友行得不錯，不似是新手，他說年少時通山跑，組織行山隊，走遍香港山脈。重拾已放低的興趣，也是尋根，今日行山成為這位朋友的生活重心。五十歲後，大小事情，抉擇過程之中總有這個考慮：If not now, when?

放下包袱的輕生活

五十歲後的將來是過去，這句話有點玄妙，其實很簡單，因為我們做回自己，第一件急想做的事，是回家。家是以前走過的路，途中有很多沒做或做得不夠好的事，在包袱較輕的人生階段，我們覺得不需要繼續自圓其說。原來人生中有不少遺憾，可以的話，我們想回到從前，修補遺憾，不可以的話，至少我們誠實面對遺憾。無論如何，五十歲後大聲警剔自己，以前的錯誤不可再犯。

過去是一面鏡，看到自己，包括醜陋的一面。將來是過去，因為我們提起勇氣，擁抱誠實的自己。我走進人生新階段，過程是亂打亂撞，我不太清楚想做甚麼，只知道在不明確的空間，不想作出日後會後悔的承諾。

我甚麼都想試，也甚麼都不敢試，兜兜轉轉，心中安慰自己，不怕，有的是時間，不自覺地，我也開始回家。

我的家原來是真正的屋企，我回到屋企人身邊，原來一直存在距離。當所有投資都是不確定的時候，我發現有一項投資肯定不會錯，是把心機和時間投資在屋企人身上。以前應該要做得更好，但沒做，說服自己的故事多麼老套——我在外邊這麼辛苦，最後是為了家人。今日回想，藉口爛至無地自容，我的幸運是，屋企人歡迎我回來。五十歲後，我們開始關心自己留下的足跡，我知道我的足跡應該留在哪裡。

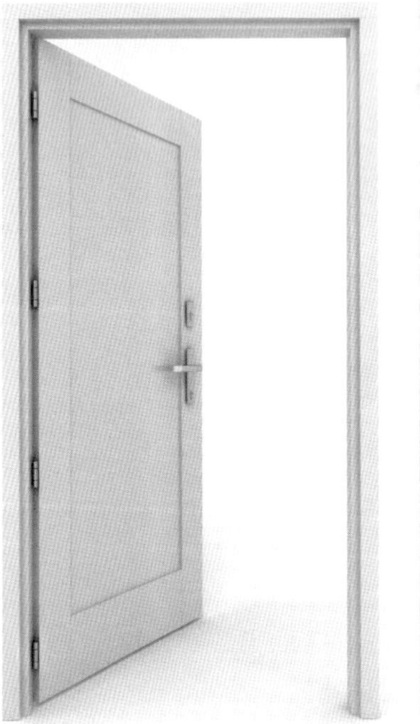

後記

這幾年，寫書都有私心，書的主題都圍繞自己思考的課題，再藉著寫作去梳理。雖然日常生活中也有其他方式去探索，但欠缺系統，寫作強迫作者細心思考，用一個起碼說服自己的方法表達出來。

《復原力》是關於一件改變我下半生的事，毫無先兆（或唯獨我懵然不知）之下發生，我需要慎重面對。怎面對將影響以後發生的事，太重要，我必須嚴陣以待，方法是寫本書。《與錢對話》與這件事有關，那時候一覺驚醒，半輩子在財經世界浮沉的人，對自己的財務狀況，竟然這樣缺乏掌握。錢是甚麼？幾多先夠？我應該怎對待錢？問題多過答案，我決定寫本書。《50歲後》尤如一本進入全新人生階段的日記，原來不止我，同路人同樣是跌跌撞撞，我把探索過程公諸同好。跌倒，需要起身；困難，任何年齡均須面對，中年人是否比年輕人有優勢？我認為有，具體答案牽涉《復原力》和《50歲後》的 cross-over。

復原力是經歷困境時，調節自己及回應困境的能力。中年人比年輕人具備更強的復原力，首要原因，是關於數學。不遲不早，很多困難在中年現身，包括婚姻破裂、父母老去及離世、子女不聽話、事業停滯不前、臨老發現財政狀況不容許退休…… 我可以一直數下去。中年人的復原力特強，是因為他們面對嚴峻困境的經驗更豐富，自然處變不驚。

復原力可後天鍛鍊

有些人認為復原力與生俱來，我卻相信可後天培養。有些學者認為復原力像肌肉一樣有記憶，多運動某組肌肉，可增加強度。根據肌肉原理，中年人的復原力處於高峰，多年來屢歷困境，自願地及非自願地練得「一身肌肉」，又未到老年萎縮。這分析甚具邏輯，中年人擁有的質素，例如懂得處理自己的情緒、從經驗中尋找智慧、勇於向朋友求助等，都是復原力的要素。換句話說，步入中年的人的復原力自然提升。

寫《復原力》過程中，我的最大發現是，復原力是關於人與時間的關係。具備復原力的人對時間有另一種觀念，這種觀念超越耐性，更似一種信念。沒發生或者代表未發生，我們須學習等待，或者是時機出現錯配，應來的始終會來。

同一個故事可以有不同的解構方式，中年人特別懂得說故事：少少苦楚等於激勵、前面會有好東西……更重要的是，中年人知道故事未完，即使好像停頓下來，或者代表重寫故事的機會。

中年人嘗過苦與甜，對自己比較從容，知道很多事在控制以外，不必過分責備自己；年輕人對自己較為苛刻，覺得事情應在掌握之內，實情是世界比想像中複雜，所謂掌握是幻覺。中年人不想浪費時間深究「早知」，因為經歷中太多「早知」，多想無謂。中年人懂得善待自己，眼前的困境彷彿像無盡深淵，但總會過去，時間是我們的最好朋友。

中年人懂得選擇性記起往事，今次大鑊，未算，以前試過更大鑊，也活下來。即使未親身經歷，也聽說過，天大的問題也有解決方法，今日搞不定的話，早點睡，明天是新的一天。大事發生之後，中年人立即記得曾經發生過更大的事，大至沒法收拾，那時候唯一的依靠，是每日回家，知道家人仍愛自己。原來這種愛，可消除所有煩惱。

中年人遇困境時，敢於承認自己一個人解決不來，須尋求救兵。能分憂的朋友，可能不是死黨，中年人懂得在需要的時候，建立合適的支援網絡，朋友也分現貨和期貨。

跌倒之後起身，每個人有自己的方法，我的方法是自覺。在《復原力》，我這樣寫：「有一個人不停地觀察半世紀，目睹這個人的起與跌，喜與悲，這個觀察過程我視之為一生最重要任務，這個人當然是自己。這觀察過程有另一個名字：自覺（Self-awareness），自覺做得好的時候，我做事得心應手；相反，我四處碰壁，不幸地，通常是事後才自覺做得不好。我深明自覺的重要，但自覺低潮揮之不去，失望之後，我不能停下自覺的腳步，但我同時有意識地發展另一種彌補的力量——復原力（Resilience）。」

寫出來，分享出去，也代表一種力量，共勉之。

Inspiration 17

作者　蔡東豪
出版經理　呂雪玲
責任編輯　何欣容
封面設計　Kaman Cheng
書籍設計　Marco Wong
封面圖片　蔡東豪、Thinkstock
出版　天窗出版社有限公司 Enrich Publishing Ltd.
發行　天窗出版社有限公司 Enrich Publishing Ltd.
九龍觀塘鴻圖道78號17樓A室
電話　(852) 2793 5678
傳真　(852) 2793 5030
網址　www.enrichculture.com
電郵　info@enrichculture.com
出版日期　2017年10月初版

承印　嘉昱有限公司
九龍新蒲崗大有街26-28號天虹大廈7字樓
紙品供應　興泰行洋紙有限公司
定價　港幣$128 新台幣$550
國際書號　978-988-8395-67-5
圖書分類　(1)生活 (2)心靈勵志